五十嵐太郎編

見えない震災

建築・都市の強度とデザイン

みすず書房

見えない震災

目次

見えない震災

五十嵐太郎

殺人マンションの衝撃

二〇〇五年十一月、建築界を激震が襲った。

といっても実際の地震ではない。姉歯秀次による耐震強度偽装の事件である。ほとんど一夜にして、彼は安藤忠雄以上に有名になり、それまで一般には知られることがなかった構造設計という職種を世間に広く認知させることになった。そして自殺が少ないといわれる建築家としては希有ともいえる、設計事務所の社長の死。かつて前川國男は、モダニズムの合理主義というアプローチから経済設計を試みた。たとえば、関東大震災の後、厚い耐震壁が入り、不経済な重い建築になっていたが、単純なかたちにすることで、軽量化とコストの軽減をはかった。しかし、耐震偽装の問題では、モラルなき経済設計が未曾有の事態をもたらしている。建設と不動産の業界の構造的な問題、あるいは日本人が抱える不安も浮き彫りにした。そして建築界の変革をうながす大きな契機となった。

この問題は、地震という日本人の琴線に触れるトピックだけに、怒る住民を強調しつつ、悪者探しとの相乗効果をもたらし、過剰なまでにメディアをにぎわせた。いみじくもテレビ劇場にふさわしい悪役として注目されたヒューザーの小島社長の口から「殺人マンション」という言葉まで飛び出した。これを煽るかのように、東京都知事の石原慎太郎は、「恥も外聞もなく、金のために、はかり合って危険な建物を建てて顧みない。日本が有数の地震国だということは、建築家なら知っているわけだ。本当に人が死んだら殺人幇助になりますよ」と非難している。いくつかのマンションでは、危険であると判定され、住民が退去することになった。戸建て住宅でも偽装が発覚した。また東京、奈良、静岡、愛知、高山、群馬、北九州など、各地のビジネスホテルも、休業や営業自粛に追い込まれている。こうした事態を受けて、ゼネコンは日夜、過去の物件の再計算に追われていた。

耐震偽装が発覚すると、不安は瞬く間に全国に伝染した。いまだ起きていない地震への恐怖。安心なはずの住居が凶器に変わるかもしれないという衝撃。それがマンションからの住民の退去をうながした。そして、取り壊される。震災によってマンションが半壊になってから、住民が追い出されるのではない。その逆である。バーミヤンの大仏は飢えるアフガニスタンの国民を前に恥を感じて倒れたという映画監督のマフマルバフ(1)にならっていえば、耐震偽装のマンションは実際の地震ではなく、国民にとりつく恐れの感情を背負いきれなくなって自壊するのだ。

むろん、地震を恐れるのは、ゆえなきことではない。ドイツのミュンヘン再保険会社では、世界各都市の自然災害のリスクを数値化して、第一位を東京・横浜の七一〇、第二位をサンフランシスコ湾周辺の一六七、第三位をロサンゼルスの一〇〇とした。ポイントの算出法は明らかにされていないが、おそらく震災の可能性ゆえに、断トツの一位である。世界でもっとも治安がいいとされた国の首都は、世界でもっとも自然災害のリスクが高い都市なのだ。また一九二六年以降、日本では、震度五以上の地震は二百九十二回起きているが、過去五年間に九十三回が集中している(2)。

そうした意味において日本は、ウルリヒ・ベックが論じた「危険社会」の特質(3)を発揮しうるのではないか。彼によれば、「階級社会の原動力は、「渇望がある」という言葉に要約できるとしたら、危険社会を進展させる運動エネルギーは、「不安である」という言葉に表現できよう」。地震のリスクは、階級を超えて、分配される。誰もが住宅を獲得するというのが、階級社会の積極的な目標だとすれば、危険社会では恐れをぬぐい去るという防御的な関心事に終始する。「危険状況では、ただの日常生活の事柄が、ほとんど一夜のうちに「トロイの木馬」のような変貌をとげる」からだ。

耐震性能という予防論理

しかし、本稿では、誰が悪者なのかではなく、耐震性能をめぐる不安について考えたい。現在、建築をつくるためには、来るべき地震に備えて、確保すべき強度をクリアしなければならない。かつては経験則に従って、建築の構造は決定されていた。が、現行の法規では、法隆寺のような五重塔を簡単に設計できない。復元するにしても特殊な事例として扱われる。それは強度が確保できないからではなく、モデルが複雑すぎて、計算できないからである。予測不能なのだ。しかし、近代以降、工学の進化によって、あらかじめどれくらいの震度に耐えられるのかが想定できるようになった。そして計算によって構造が決定される。

すなわち、予測可能なものだけが建設を許可される。現在、複雑な構造のデザインが増えているのは、コンピュータの進化により計算の性能も上昇し、安全性も事前に確認できるようになったからだ。震災が発生してから対処するという事後的な対策ではなく、いわば建築による予防措置である。とはいえ、後述するように、計算のモデルはひとつではなく、それぞれの結果に変動が生じる。ちなみに、厳密な計算がむずかしい木造の五重塔であれば、逆にあらかじめ震災前に壊すこともできないだろう。一方、マンションはある程度の予測可能性ゆえに、解体される。

建築のデザインに比べて、一般的に地味な領域だと思われている構造が、これだけの注目を浴びたのは時代の潮流なのだろう。ホテル・ニュージャパンの火災や新宿歌舞伎町の放火事件では、後からスプリンクラーの設置や避難経路の確保について経営者の責任が非難された。仮にこうした安全面において不十分な建築が発見されたとしても、設備を改善すればいいわけで、ただちに類似物件が取り壊しになるような事態にならないだろう。だが、今回は構造という骨組みに関わる問題だけに、これから起こるかもしれない地震によって、マンションが次々と劇的に倒壊するのではないかという悪夢的な想像力が働く。

明治以降、日本の建築界は近代化をめざし、西洋の建築を積極的に導入していた。たとえば、一八七二年の銀座煉瓦街計画は、木造都市の弱点を改善すべく、不燃化のプロジェクトとして構想されている。しかし、一八九一年の濃尾地震によって、煉瓦造や石造の建築物が大きな被害を受けたことから、耐震工学を独自に発展させた。実際、ヨーロッパを訪れると、近代建築の細いプロポーションに感心させられるが、あらためて日本の建築が鈍重であり、太い柱をもつことがよくわかる。ある意味では、地震国という条件は、近代以降の日本建築に対して、地域固有のデザインを付与したのだ。

しかし、その地震は日本が抱える根源的な不安も生む。偽装マンションでは、住民が夜も寝られないほど脅えていた。グランドステージ稲城に住む女性は、「こうしている間にも地震があるかもしれない。来月なんて悠長なことは言っていられない。一日も早く転居先を決めたい」という。(4) 被害者の集会でも、ここに住むと、いつ死ぬかわからないと語り、将来への不安から心労で倒れる住民もいた。もっとも、国土交通省は、川崎と船橋のマンションについて、長期的には柱や梁が曲がる可能性はあるものの、強い地震さえなければ、ただちに自壊する恐れはないと表明している。またイーホームズが確認済み証を出した姉歯と無関係の物件について、近隣住民が工事中止を訴えたという。(5) だが、これは有名建築家も使う大手の検査機関であり、さすがに過剰反応ではないか。

問題のマンションは、震度五強で必ず壊れるわけではない。あくまでも、その恐れがあるということだ。実際、二〇〇五年七月にも、東京を震度五強の地震が襲っている。だが、ヒューザーのマンションが壊れたわけではない。しかし、逆の見方をすると、震度五強程度であれば、通常の建物がまったく壊れないということではない。たとえば、マグニチュード七・二の直下型地震が東京を襲った場合、練馬区では区域の九九・五パーセントが震度五強になると想定されているが、建物被害としては全半壊が二千二百六十四棟になると予測されている。(6) 詳しくは後述するが、当初は合法的につくられたにもかかわらず、既存の建造物が現行の耐震基準を満たさないことはけっしてめずらしくない。

震災なき建築破壊

とくにメディアで注目されたのは、偽装によってどれくらい弱くなったかではなく、基準を下まわり、法律に違反していることだった。ゆえに、一級建築士全員の再試験を検討しているが、姉歯の場合、計算ミスという能力不足ではなく、確信犯であり、むしろ職業モラルの問題だろう。ともあれ、偽装の程度があまり意識されないまま、データを偽装したという事実と、その結果、基準を満たしていないことが、漠然とした不安をもたらす。これは犯罪におびえ、過剰なセキュリティを求める日本の姿と重なりあう。なるほど、体感治安というイメージは悪くなっている。しかし、犯罪の総数が増えたとしても、殺人が大幅に減っている場合、治安が悪化したと簡単に結論づけられるのだろうか。やはり耐震偽装されたものは、すぐに壊れてしまうという恐怖のイメージばかりが先行していた。

おそらく、耐震補強をすれば、十分と思われる物件でさえも、すべて建て替えすべきという雰囲気が蔓延していた。しかし、二〇〇六年三月六日に開催された耐震工学研究会のシンポジウムでは、取り壊しが決まった物件も、補強する技術があったのではないかという意見が出ている。耐震偽装にも、軽微なものから重度な違反まで、さまざまな段階が認められた。たとえば、下の階から随時、補強の工事を行ったり、あるいは上階の部分を大胆に取り払うことで、全体を軽量化し、現状の鉄筋でも十分な強度を確保する減築という方法も考えられるかもしれない。だが、ヒステリックな反応は、早急な建て替えを求める。偽装した物件を十把一絡げにして扱うことは、不経済でさえあるだろう。

スクラップ・アンド・ビルドの促進こそは、戦後日本における静かな震災ではなかったか。すなわち、高度経済成長期からバブル期まで続く、激しい建設のサイクルは、戦後最大の都市破壊でもあった。空襲や震災にも耐えた近代建築の多くは、開発の波に飲まれて消えている。戦火を逃れた帝国ホテルも一九六〇年代に解体された。おそらく原爆ドームも、被災してモニュメント化していなければ、間違いなく壊されていただろう。建設と破壊は裏返しの関係である。かつて磯崎新が「都市破壊業K.K.」において、分裂した人格として計画者と破壊屋の対話を描いたように。(7) そして二十一世紀に入り、規制緩和や経済の復活により、ふたたびバブル的な雰囲気が都市を覆い始めている。

ところで江戸時代は度重なる大火を繰り返しながら、幕府は土蔵造の住宅を徹底させなかった。これは一六六六年のロンドン大火の後、チャールズ二世が木造を禁止したことにより、煉瓦造や石造の不燃都市化に成功したのとは対照的といえよう。なぜか。火災後の再建活動が経済の潤滑油になったり、江戸城さえ安泰であれば、大名の負担は幕府を保持するうえでの必要悪だったと指摘されている。(8) 実際、仕事にありつこうとして放火する者もいたという。かつてフラジャイルな木造による都市構造は、災害さえもシステムとして組み込んでいた。しかし、現代日本の大都市は木造が中心ではない。

震災が起ころうと起こるまいと、すさまじい速度で日本の建築は更新を続ける。おそらく、次の地震が発生するよりも短いスパンで、確実に古い建築は消え、新しい建築がつくられている。筆者がそのことを強く感じたのは、阪神大震災後に復興された街を歩いたときだった。むかしの民家がなくなり、画一的なミニ開発が乱立している。しかも、被災直後の公費解体の制度によって、補修するよりも建て替えがうながされた。つまり、震災は、劇的な変化をもたらしたようにみえるが、実際は日本中どこにでも進行している変化の速度を早めたにすぎない。言い方を変えれば、日本ではいつも静かな震災が起きている。しかし、耐震偽装の問題は、完成したばかりのマンションでさえスクラップにするという意味で、さらに破壊のスピードを上昇させているのではないか。

ちなみに、二〇〇二年、国会のマンション建て替え円滑化法案の審議では、三十年ごとの建て替えを法律化しようとした。平松朝彦によれば、実際のマンションが三十数年で建て替えられていることだけを根拠に、三十年を老朽化の目安にしたらしい[9]。法律によって建築の破壊すなわち寿命を決めるのだ。ここに建築を文化とみなす考え方も、社会資産としてマンションを長く使う発想もない。値上がりを期待する投資の対象になっている。

難民化する住人

過熱するメディアとは違い、行政では、偽装事件を契機として、その対応がばらばらにならないよう、全国統一の運用基準を設定した。建築基準法が定める震度六強でも倒壊しない強度を基準値一とし、〇・五未満の場合、改修や建て替えが必要とみなしたのである。つまり、震度五強でも倒壊する危険性が高い物件だ。また事態が進行するにつれて、耐震補強を冷静に検討するホテルやマンションもあらわれた。たとえば、グランドステージ町屋は、震度六強程度まで耐えうるとして改修を視野に入れている。

しかし危ないとされた物件について、横浜市や川崎市は、建築基準法にもとづき住民に自主的な退去を勧告した。これに応じなければ、使用禁止の命令が出される。渋谷区や中央区でも、居住者に対して自主退去を要請した。もっとも、退去先の公営住宅のほうが老朽化しており、偽装マンションよりも危険ではないかという意見もある。ともあれ、問題の物件はすでに地震の被害を受けて、半壊状態になっているわけではない。まだ無傷の建築としては異例の措置だろう。これが賃貸ではなく、個人が所有する分譲マンションであることを想起すれば、まさに常時における非常事態の対応といえる。

実際、総務省は、固定資産税を減免するにあたり、対象物件が使用または収益できなくなったとして「自然災害と同様に減免による対応を行うことが適当」という見解を示した。しかし、現状では物理的に使用できるし、収益もあげられる。つまり、安全性を確保するという意識の問題により、いまだ発生していない自然災害と同等の効果が局所的にもたらされたのである。これには人災という側面も否定できないだろう。一九九九年から政府が行政改革として、建物の安全性に関する審査業務を民間に開放した結果、多くの偽装を見逃したからだ。イーホームズも、全国で十七ある大臣指定の検査機関のひとつである。ただし、今回は、長野県など、行政の検査でも偽装を見抜けなかった事例が判明した。

政府は、居住者への支援として、マンション建て替えの際、共用部の建設費を部分的に補助、解体費用は地方と折半して全額補助する方針を緊急に決定した。総額は、数十億円の規模である。阪神大震災や新潟県中越地震、あるいは従来の欠陥マンションの被害者に比べても、手厚い補助だ。政府も責任を認めたからなのだろう。が、それゆえに、これは国が引き起こした見えない震災である。また政府は、社会の不安を抑えるために、耐震性能検査の費用を負担してでも、疑いのあるマンションの安全性の確認に乗りだした。

本稿の冒頭に「実際の地震ではない」と書いたが、結果的に実際の地震と同様の事態が進行している。結局、住人が居場所を失い、難民化しているからだ。耐震性能が弱いとわかっているマンションにあえて住み続けるという選択肢は許されない。そして建築も破壊される。彼らは立ち退きを余儀なくされたものの、ローンを抱えたままという最悪の経済状況ゆえに、不動産屋から引っ越しなどの新規の契約も断られたという。つまり、都市では日常の生活が続く、震災前の風景であるにもかかわらず、問題と認定された場所では、あらかじめ震災後の状況が発生しているのだ。

戦争と都市計画

被災前に住民を追い払い、強制的に建築を破壊すること。こうした営為は、過去になかったわけではない。たとえば、江戸時代の火消しにおいて、延焼を防ぐために、鳶職が建物を取り壊した。近代以降でも、一九七六年の酒田大火では、破壊消防によって火を食い止めている。これは緊急時における権力の行使といえよう。だが、一刻を争う火災に比べて、耐震偽装をめぐるマンションの倒壊は、明日かもしれないし、数十年後かもしれないという不確定性ゆえに、それほどの緊急性があるわけではない。

むしろ、戦時中の建物疎開と似ていよう。すなわち、建物を強制的に間引くことで、防火区画を形成するための空地帯をつくったり、工場などの重要施設のまわりをオープンスペースとする手法である。本土空襲の危険が迫った一九四三年、政府は都市疎開実施要綱を決定した。東京では、渋谷駅前の密集家屋の除去など、破壊のプロジェクトを推進する。庶民の住宅よりも、全体的な都市の利益が優先されたからだ。究極的な状況では、国家と個人の安全は一致しない。厳密に建物疎開と比較すれば、耐震偽装では、マンションそのものの自壊が問題になっていることが違う。ただし、周囲に迷惑をかけることも指摘されており、それについては後述したい。ちなみに、戦時中は、国の方針として建築の強度の基準を下げることで、資材の節約もはかられた。鉄などが不足しており、空間の安全よりも、敵を攻撃する武器の生産のほうが重視されたのである。

近代以降の東京は、関東大震災と太平洋戦争の空襲という徹底的な破壊を二度経験した。自然の災害と人為的な攻撃であり、それぞれの要因は違うものの、いずれも脆弱な木造建築と高密度な住宅地という都市構造が被害の拡大を招いている。実際、震災と空襲では、ほとんど同じような地域が大きな被害を受けた。つまり、自然の災害だとしても、都市において、いかに住むかという人工的な要因が深く関係している。ゆえに、その対処には都市計画的な視点が求められるだろう。

そもそも純粋な自然の災害は存在しない。誰も居住しない砂漠で大地震が起きても、災害とは言わないだろう。自然と人工の条件が組み合わさることで、災害は引き起こされる。戦時中、建物疎開に関わった都市計画の高山英華は、「最も大切な予防的対策の大綱は、天災の起こるようなところに、高密度の人間社会を形成しないようにすること」だが、それはなかなかむずかしく、むしろ逆に河川の流域や河口など、地盤のよくない土地に木造密集市街地が発達しているという。[10]つまり、究極のセキュリティを求めるならば、災害が起きるような場所に人が集まる都市をつくるべきではない。彼によれば、日本に風水害が多いのも、干拓や埋め立ての土地に都市が形成されるからだ。たとえば、江東区は、荒川や江戸川と東京湾に囲まれた海抜ゼロ地帯であり、地震、火事、水害のいずれにも弱い。しかし、交通の利便性から、こうした場所は人間によって選ばれる。

人為的な要因が影響した他の事例[11]を見よう。一九六四年の新潟地震では、これまでになかった新しい施設、石油タンク群の火災が起きた。また地盤の液状化現象により、多くの建物が傾いたり、沈んだが、信濃川の両岸沿いに発生したのは、砂で埋め立てることにより、水と砂という液状化の条件を人間が与えたからである。人の手を加えたことに対する、自然からの報復。一九七八年の宮城県沖地震では、倒壊したブロック塀で犠牲者が出たほか、やはり水田の埋め立て地や造成地に新しく開発した場所が大きな被害を受けている。一九八三年の日本海中部地震でも、沼や湿地に埋め立てた新興の造成地が被災した。非常時において、ふだんは忘れていた自然の条件があらわになる。一九九五年の阪神大震災では、しばらくして電気が復旧したとき、通電火災が起きている。また台風に抵抗するために、瓦の下に土を敷きつめ、屋根を重くしたことも災いした。

戦時中、都市計画の田辺平学は、「都市計画こそは、都市防空問題の根本を成すものである」と述べていた。[12] そして「木造建築物の大集団は、大都市の内外に木造建築の建設を自由に放任してきた結果であって、これが対策は「木造建築の即禁止」と「耐火建築の徹底的強制」（特に重要都市の中枢部に対して）以外に方法がない」という。彼の掲げた大改造の根本方針は、以下のとおり。「一、木造建築の即時厳禁。二、恒久的計画に基く「不燃都市」の建設（一定の年次計画、たとえば二十年乃至三十年計画の下に、現在の木造建築物を取払い、代わるに耐火建築を以てす）この際建物の階数の必然的増大に伴い、道路は幅員を増大し、公園・広場等の緑地や空地も獲得される」。戦争への覚悟は、江戸時代とは違い、徹底的な都市改造を要求した。

戦争は遅延された地震である。越沢明によれば、防空対策の実質は、現代の防災と同じだという。[13] ともに緑地帯によって市街地を分断しつつ、密集市街地をなくすことをめざすからだ。敗戦後、東京都都市計画課長の石川栄耀にとって、戦争中の防空疎開計画と戦後の復興計画は、一続きのものと認識されている。[14] 天皇制を中心とした全体主義による国家体制の力の代わりに、戦後は都市が壊滅したことをチャンスとみなし、理想的な都市計画を実現しようとした。石川は、焼け跡を素晴らしい街にして、災い転じて福にしようと説く。たとえば、複数の一〇〇メートル道路を構想し、一九四三年の防空空地計画の外環状緑地と楔状緑地の指定区域を継承しつつ、グリーンベルトを計画した。彼は、イギリスのある大臣が紙の都市であれば、各時代ごとに焼いてすぐに建て直せたのに、石造やコンクリートの都市はやっかいだと述べたことを紹介し、日本はまさにその機会を得たと指摘している。[15]もっとも、GHQの介入などもあり、石川の計画は大幅に縮小し、挫折した。

石原都政の副知事をつとめた青山佾が、「今日の東京の改造は国が戦後処理として取り組むべきだ」と述べた[16]ことの真意は、なし崩しになった復興プロジェクトを完成させることなのだろう。「大地震や大火事のときにたくさんの犠牲者が出ると予測される東京の環七沿道の木造密集地をこのままにしておくことはできない。都心部でも、昭和五十六年の耐震基準以前に建てられた古いビルが半分くらいある。これらを中高層化して、その分、周囲に公園や道路などオープンスペースをつくる仕事をこつこつと続けていかなければならない」。そして「都市居住者の住宅水準はまだまだ低い。防災上も大きな危険をかかえている。東京の都市改造はスピードアップすべきだ」という。

新耐震と既存不適格

耐震強度とは、あくまでも国が決めた基準である。絶対に壊れないという保証ではない。最高度の安全性が要求される原子力発電所のような特殊な施設を除けば、ありえないような大地震、それとも数百年に一度の地震に耐える頑強な建造物をつねにつくることは、あまりに不経済だろう。建築構造学の望月重は、「何があっても壊れない絶対に安全な建物」はこの世に存在しないと述べている。[17] しかし、基準がなくても困るだろう。そこで、これくらいの強度を確保すれば、妥当であろうという目安が設定される。

もっとも、基準を越える震度八の地震が発生し、建物が全壊しても、政府が補償してくれるわけではない。偽装マンションの一部は、現行の基準に満たないことから解体された。しかし、もし理論的に基準以下の建築が存在してはいけないという処分を徹底すると、偽装をしたわけではないものの、過去にさかのぼって、膨大な建築も問題になるだろう。安全の基準は不変ではなく、時代とともにハードルが上昇しているからだ。たとえば、二〇〇六年三月、民事訴訟の裁判により、前提となる計算方法が古くなり、実際の観測結果と食い違う例があることなどから、志賀原発二号機の運転差し止めの判決が出された。

大地震が発生すると、法律が更新される。一九八一年、建築基準法施行規則の改正により、新耐震基準が制定され、壁や土台を強化することで、さらに高い強度が求められるようになった。実際、阪神大震災でも、新耐震以前と以後では被災状況が大きく分かれている。ここで注目したいのは、新耐震前の一九六〇年代や七〇年代につくられた古い住宅やマンションである。完成時には基準を満たしていたとしても、法律が変わったことにより、いつのまにか違反建築になっているからだ。むろん、時間の経過によって構造も劣化している。姉歯物件と同程度の強度になっている、古いマンションも存在するだろう。

現在、こうした物件に対して、耐震補強が奨励されている。一九九五年に制定された耐震改修促進法は、学校や病院など、不特定多数が出入りする大型の施設が新耐震を満たさない場合、所有者が改修や耐震診断を行うことを求めている。二〇〇二年のマンション建て替え法は、現行の耐震基準を満たさないマンションの老朽化を解決すべく施行された。しかし、費用などの問題から、一般住宅は順調に進んでいない。偽装かどうか、新築かどうかを抜きにすれば、姉歯物件と同じ状況に置かれている。実際、事件発覚後の十二月初旬、宮城県登米市の新田第一小学校と第二小学校は、耐震強度が基準を下回ることが判明し、校舎の使用停止を決定した。アスベスト問題と同様、早急な対処である。教室は移転されるという。いずれも一九六〇年代につくられており、コンクリートの劣化もあって、一九八一年に改訂された新耐震の基準を満たしていない。

国土交通省によれば、全国四千七百万戸のうち、千百五十万戸が新耐震の基準を満たしていない。全体の四分の一である。いささかアバウトな計算をするならば、テレビや新聞を見て、耐震偽装の報道に驚き、自分は安全なところから怒っているつもりの日本人の四人に一人が、じつは同じように基準の強度以下の家屋に住んでいるということだ。阪神大震災の被害率にもとづけば、旧耐震のマンションの大破・中破率は六・四パーセント、小破率は八・三パーセントである(18)。もっとも、新耐震のマンションでも、危険はゼロではなく、大破・中破率は一・六パーセント、小破率は五・六パーセントになっている。厳密に見たとき、新耐震以前の物件のうち、強度〇・五未満のものが、どれくらいになるかは不明である。もし、これらの実態を本格的に調査するとしたら、膨大な作業となるはずだ。

いたずらに不安を煽り、安全性の程度問題と客観的な判断材料をきちんと伝えていないメディアの状況を考えれば、ヒューザーのマンションと同様、こうした建築も恐怖の対象になるだろう。賞味期限が切れて、ゴミ箱に捨てられるコンビニの食品のように、建築も廃棄される。

既存不適格とは、建設時に合法的であっても、後の法令の改正により、不適格な部分が生じた物件をさす。耐震基準の変化のほかにも、災害に関わるトピックとしては、四メートル以上の道路に接しないといけない規定によって、多くの既存の住宅地が引っかかる。木造家屋の密集地帯では、火災時に緊急車両が入れないという問題が生じる。全国では、既存不適格が二千万棟もあるという(19)。おそらく、知らずに住んでいる人も多いはずだ。東京では、百五十万棟が既存不適格だという。筆者は、こうした住宅を取り壊して、どんどん再開発すべきだと考えているわけではない。やはり住民の意思と程度の問題を考えなければ、中古市場やリノベーションの動きを壊滅させ、すさまじい仮想の震災としてのヴァンダリズムを招く。安全性を名目として、リサイクルと逆行し、中古市場を壊滅させる電気安全法と似ていよう。既存不適格といっても、違反建築としてつくられたわけではない。良好な暮らしも多いだろう。たとえば、道路が狭いという環境は、逆にいえば、クルマが入らないヒューマン・スケールの路地の存在を示唆する。

しかし、都市計画にとって、既存不適格が集中するエリアは防災上の弱点とされており、再開発すべき最大のターゲットになっている。たとえ人間的なスケールの街並みが展開していても、たんなるリスクでしかない。震災や戦後の復興計画に失敗した地域でもあるからだ。ゆえに、越沢明は、こう批判している。「狭く屈曲した街路が迷路のようにつづき、公園や広場などオープンスペースに乏しい。これらの地域は木造賃貸アパートが密集することから通常、木賃ベルト地帯と呼ばれる。これらの地域に残る下町らしい人間臭さ、人情味、そのコミュニティを評価する人も世間にはいよう。しかし、このような住環境を本当にその地域の人々が望んでいるのかどうかは大変、疑問である。少なくとも消防車など緊急車両の出入りに不都合がある状態を放置しておくことは、都市計画の立場からは認めるわけにはいかない」[20]。ここに不動産屋やデベロッパーのような損得勘定はないだろう。ひたむきな善意によって、開発主義が唱えられている。それは純粋な職業意識によるものだ。

今回の事件は、結果的に都市開発の推進者を後押しするのではないか。既存不適格であろうとも、住み続けたい人がいたとする。それもひとつの生き方の選択であり、覚悟だろう。だが、偽装のマンションでは、使用禁止が発令された。しかも、まわりの住民にも迷惑がかかるという声が紹介されている[21]。たとえば、ヒューザーが建てた十階建てのグランドステージ東向島について、南隣に住む男性は「だから反対したのに。それが今度は崩壊の危機?……一刻も早く取り壊してほしい」という。またシノケン社のSTAGE大門について、町内会長は「いつ崩壊するかもわからないマンションのそばに住む住民は、時限爆弾を抱えているようなもの。早急に解体し、安心して暮らせるようにしてほしい」と述べる。同社は、近隣住民に対して、一時退避の費用も補償することを明らかにした。こうした論理は、既存不適格が多い木造家屋密集地帯に転用されてもおかしくない。たとえ、住民がかまわないとしても、周囲に火災を広げる恐れがあるからだ。事件後の二〇〇五年十二月十一日、やはり官民が取り組む既存不適格を考える集会が開催されている。

マンションの全棟検査

偽装問題では、民間の検査機関以外に、自治体でも見落としたことが発覚した。二〇〇五年十一月二十六日、国土交通省は「これまでは設計者や、建築確認を行う民間機関、自治体などへの信頼が前提だったが、今後は性悪説に基づいた制度に変える」という表明を出している。信頼にもとづく確認から、疑いを前提とした検査の制度へ。現代社会のセキュリティ強化の傾向は、建築界にも波及した。針の穴をかいくぐるようなテロリストが大惨事をもたらすのに対し、地震というカタストロフが発生するとき、建築は基準の震度を越えるかどうかがひとつの分かれ目となる。ともあれ、確認申請やPL法が義務づけるドキュメントに加え、検査において提出すべき書類がさらに要求されるだろう。天下り先の機関が増えるかもしれない。だが、建築雑誌を飾るような先端的な理論を応用したアクロバティックな構造ならともかく、普通の箱型のビルの場合、耐震性能の評価は、さほど複雑な手続きは要らないのではないか。重大な問題であれば、仮に構造の解析書がなくとも、図面を見ても気づくはずだ。

疑われたことのなかったものが、突如、生命を脅かす恐怖の対象になること。一連の動向は、狂牛病のパニックを想起させる。数からいえば、わずかな案件が全体のシステムを致命的に脅かす。もっとも、食品と比較すれば、単価の高い建築は、確認申請によって、すでに全頭検査ならぬ全棟検査が実施されていたのだが。いまや構造計算によって、建物の想定寿命が予測されているかのようだ。生物になぞらえると、構造不良の物件は、病気＝災害に弱い遺伝子をもった個体といえる。ゆえに、全体の種＝都市に悪い影響を与えないために、あらかじめ間引く＝破壊されることが求められるのだ。

耐震偽装をめぐる座談会において、建築家はこう指摘している。[22] 今川憲英は、マンションを購入するとき、設計書、計算書、竣工図などを調べ、建築家の名前も確認することを薦めた。情報を開示した家の血統書ならぬ、「家歴書」である。竹山聖も、「農産物で産地のつくった人の名前が書いてあるのと同じ」だという。顔の見えない商品から制作者が特定できる作品へ。つまり、履歴を確認できるトレーサビリティである。食品をめぐるセキュリティとほとんど同じ対策が提言されているのは興味深い。愛知万博の日本政府館では、建築の部材にＩＣチップを埋込み、リサイクルに活用する実験を試みていたが、こうした安心のためのトレーサビリティにも応用できるだろう。

二〇〇〇年から二〇〇四年度まで、建築基準法違反を数えると、六万六千三百五十七件にのぼるという。そのうち強度不足は、およそ二千七百件である。ヒューザーのマンションだけではない。したがって、メディアの論調は、こうしたつくり逃げを糾弾している。軽微な違反も厳しく取り締まるべきだ、と。これはセキュリティをめぐる議論と共鳴していよう。ささいな犯罪から芽をつみとるべきだという割れ窓理論の建築バージョンといえるかもしれない。将来に起きる重大な犯罪を予防するまなざしは、すでにある小さな違反にも関心を寄せるだろう。耐震偽装の発覚後、急成長を続けた東横インのホテルにおける不正改造も、大きな問題として徹底的に糾弾された。

これまでは震災後にクローズアップされていた既存不適格の地域や老朽化した建築の開発が、前倒しで問題とされる可能性につながるのではないか。過剰な予防論理は、都市改造を要請するために、まだ使用可能な建築の大量破壊を導き、人為的な地震として機能する。セキュリティのハードルを上げれば上げるほど、壊すべき建築のリストが増えていく。震災を恐れるがあまりに、みずから行使される地震という逆説。究極的には、都市の存在すら否定しかねない。おそらく、どのくらいの人命が救われるのか、あるいは行政のかけるコストがどれくらい安くなるかが、実行すべきか否かの判断材料となるだろう。もっとも、都市計画の大方潤一郎は、「違反建築のすべてを監視することは難しい。スピード違反と同じで、軽微なものまでは手が回らないからだ。今後はどの程度の違反なのかをはっきりさせたうえで、悪質な違反に対して行政執行をもう少し増やすことが必要かもしれない」という。(23) 二〇〇五年十二月五日、警視庁が姉歯建築士を告発した際も、とくに悪質な物件、すなわち強度三三パーセントのグランドステージ稲城、三一パーセントのグランドステージ東向島、二六パーセントのSTAGE大門、二六パーセントの京王プレッソイン茅場町を対象としている。

社会学者のベックは、以下のように、指摘していた。(24) 「危険は売れ行きに応じて販売期間を延ばしたり縮めたり、つまりは操作自由なのである。危険の定義を変えることにより、全く新しい需要と、また同時に市場がつくられる。特に危険を回避するための需要はさまざまに変化する。危険はどのような解釈も可能であり、どのような因果関係の推定も可能である。その需要は限りなく増大する」。

実際、許容応力度等計算では問題となる姉歯物件が、限界耐力計算法を用いると、安全になるという結果も報告され、混乱を招いていた。〇・五がどれくらい危険かについては、耐震工学の岡田恒男でさえ、「誰も検証したことがないのでわからない」という。(25) そして元都庁専門副参事（構造担当）の春原匡利は、耐震強度指標値〇・五未満のマンションが震度五強で倒壊すると断言できないとし、国の示す判断基準には工学的判断により計算の数値が動くこと、またその数値を下回ったからといって実際の建物が必ず倒壊するわけではないことを指摘しつつ、異例の早さで強制退去に追い込んだことを批判する。(26)

都市計画のまなざしを内在すること

東京における防災都市づくり推進計画は、美濃部都政から始まる。一九七一年、彼は「震災に負けない首都づくり」をめざして、画期的な東京都震災予防条例を作成した。前文では、震災予防に対する都知事の責務を規定しながら、以下のように記されている。「東京は、都市の安全性を欠いたまま都市形成が行われたため、その都市構造は地震災害等に対するもろさを内包している。……都民と都が一体となって東京を地震による災害から守るための合意を示すものである」。そして「防災市民組織」の育成も謳う。この条例にもとづく、東京都震災予防計画は、幾度かの改訂を重ねている。阪神大震災後は、東京消防庁が災害時支援ボランティアの運用をはじめるなど、平時から災害時のボランティアを養成すべく、各種のボランティアのネットワークの形成が推進された。

しかし、一九七五年に東京の分散か一極集中をめぐって美濃部と都知事選を争い、敗北した石原慎太郎は、二〇〇〇年に東京都震災予防条例を全面改定した。新しい前文では、地震予知の限界を認めつつ、行政がすべてを主導するのではなく、「第一に「自らの生命は自らが守る」という自己責任原則による自助の考え方」を強調している。都民も災害の対策を人任せにするのではなく、みずから危機管理を意識せよという姿勢が打ちだされた。

一九九五、九六年度、東京都は、阪神大震災をふまえ、「防災都市づくり推進計画」を策定した。これは二〇〇四年三月に改訂されており、整備地区として二十七地域を指定し、重点整備地区として世田谷区役所周辺・三宿・太子堂地区、中野南台地区、町屋・尾久地区など、十一地域を指定している。後者の十一地区は合計二四〇〇ヘクタールの面積におよぶ。これらを二〇一五年までに、不燃領域率七〇パーセントにすることが目標である。やはり戦後、手当たり次第に住宅がつくられ、さらに土地の細分化を繰り返した木造密集市街地が問題とされた。こうした場所は被災すると、またすぐに同じようなエリアを形成し、ふたたび次の災害に対する都市の弱点になる。負の連鎖としての木造密集地域。たとえば、一九四三年の鳥取地震の後に生まれた急造の地域は、一九五二年の鳥取大火の原因にもなったという。

阪神大震災後、神戸市が復興事業を進めることで、地域住民の生活再建を困難にする「計画災害」が指摘された。(27) ある新聞記者は、木造密集市街地を歩き、こう述べている。「町の改造には、住民自らが主体的に参加することが欠かせない。……町づくり計画を、行政からの押し付けと感じるようでは、実現はおぼつかない。住民たちから町づくりの具体的なプランが提案されるような仕組みや雰囲気を盛り上げていく必要がある」(28)。上からの押しつけではなく、下から沸きあがるような町づくり。まっとうな提言である。だが、そうした動きも、上からの計画にとりこまれようとしているのではないか。

二〇〇三年三月、東京都は「震災復興マニュアル（プロセス編）」を策定し、地域と行政が協働する「地域協働復興」を掲げた。そして東京都では、啓蒙活動として、震災復興まちづくり模擬訓練を推奨している。これはまずガイダンスを受けた後、住民が街を歩いて、危険箇所を診断し、災害マップをつくり、続いて参加者のロールプレイによって、「避難所から復興を考える」、「時限的市街地を考える」、そして「復興まちづくりを考える」というステップを踏むワークショップである。とりわけ最初のプロセスは、小学生の通学路などで作成される防犯マップとまったく同じだ。平常時から、災害時の状況をあらかじめ考えておくこと。慣れ親しんだ風景は恐怖の空間に変貌する。

なるほど、村上處直が指摘したように、「災害は非常に想像力があり、われわれの考え及ばないような現象も起こりうる」(29)。異常時におけるモノの関係性を考えること。「物というものは作る時は、その機能的目的を果たすように作られてしまうが、いったん作られて社会的なものとなると、物の持っているあらゆる属性が人間と関係を持つようになる」。ゆえに、個々の建物を単体規制しても意味がない。集団規制が必要だという。ただし、ワークショップでは、災害後の復興まちづくりも組み込まれており、都市計画のまなざしを内在化させるための事前の住民説明会というべき様相を呈している。

たとえば、大規模な道路計画が予定される北沢地域が狙われている。ここでも二〇〇五年八月、震災復興まちづくり模擬訓練が開催された。世田谷区の都市整備部都市計画課は、「復興の視点でまちを歩こう」と提案している。[30] レポートによれば、「未舗装の細い通路が散在している」、「木造の店舗が連たんしており災害時は危険」といった住民のコメントが寄せられていた。もっとも、「連たん」などは、普通に出てくる住民の言葉とは思えないので、事前に学習させているのだろう。いうまでもなく、狭い通路はネガティブな要因となるが、下北沢の補助五四号線では、やはり防災の論理が強調されている。住民の意見を汲み上げるというよりも、行政の視線を組み込むワークショップといえよう。非常時を想像することで、意味が逆転している。かつてまちづくりのワークショップは住民主体の手法だったが、いまや行政との合意形成を誘導するツールになった。[31]

姉歯効果がもたらした不安が、こうした流れに拍車をかけ、いたずらにスクラップ・アンド・ビルドを増やすべきではない。

注

（1）「現代思想」二〇〇一年十月号臨時増刊
（2）「NEWTON」二〇〇六年一月号
（3）ウルリヒ・ベック『危険社会』法政大学出版局、一九九八年
（4）「東京新聞」二〇〇五年十一月二十六日
（5）「日経アーキテクチュア」二〇〇五年十二月十二日号

(6)「東京直下大地震生き残り地図」旬報社、二〇〇五年
(7) 磯崎新『空間へ』鹿島出版会、一九七一年
(8) 菅原進一『都市の大火と防火計画』共立出版社、二〇〇三年
(9) 平松朝彦「国家ぐるみの偽装が露呈した」、「論座」二〇〇六年四月号
(10) 高山英華『私の都市工学』東京大学出版会、一九八七年
(11) 伊藤和明『日本の地震災害』岩波書店、二〇〇五年
(12) 田辺平学『空と国』相模書房、一九四三年
(13) 越沢明『復興計画』中央公論社、二〇〇五年
(14) 石田頼房編『未完の東京計画』筑摩書房、一九九二年
石川栄耀『皇國都市の建設』常磐書房、一九四四年
(15) 石川栄耀『都市復興の原理と実際』光文社、一九四六年
(16) 青山佾『石原都政副知事ノート』平凡社、二〇〇四年
(17) 望月重『ビルはなぜ建っているかなぜ壊れるか』文藝春秋、二〇〇三年
(18) 細野透『耐震偽装』日本経済新聞社、二〇〇六年
(19) 片山恒雄『東京大地震は必ず起きる』文藝春秋、二〇〇二年
(20) 越沢明『東京の都市計画』岩波書店、一九九一年
(21)「毎日新聞」二〇〇五年十一月二十五日夕刊
(22)「AERA」二〇〇五年十二月十二日号
(23)「朝日新聞」二〇〇五年十二月三日
(24)（3）と同じ。
(25)「日経アーキテクチュア」二〇〇五年十二月十二日号
(26) 春原匡利「「Qu／Qun＜0.5＝倒壊」に根拠はあるか」、「建築知識」二〇〇六年四月号
(27) 西山康雄『「危機管理」の都市計画』彰国社、二〇〇〇年

（28）川西勝『東京大震災は明日起こる』中公ラクレ、二〇〇一年
（29）村上處直『地震と都市』日経新書、一九七三年
（30）「街並み」三七号、二〇〇五年
（31）平山洋介×五十嵐太郎「都市は誰のものか　開くのか／閉じるのか」、「談」七二号、二〇〇五年

＊　初出「現代思想」二〇〇六年一月号

構造設計とは何か

金箱温春

耐震強度偽装事件で見えたもの

いままでにも、違法建築や欠陥建築といった建築のマイナスイメージの問題が一般社会での話題として取りあげられることがときどきあったが、今回の事件はこれらとはまったく異なり、新たな問題提起や現状認識を生み出した。表面的な事実としては、ひとりの構造設計者が構造計算書を偽装し、建築基準法の規定に満たない強度を有する建物の設計を行い、審査機関の確認申請をパスして建設されたこと、それが分譲マンションであり、建設したデベロッパーが販売し終わっていたため、購入者が被害者となっているというものである。この問題は構造設計者による構造計算書の違法行為だけではなく、背景には、マンション供給者、建設会社、設計者が関わる生産システムの問題、建築品質確保のための審査システムや保証制度といった問題が存在する。そのほかに社会全体の根源的な問題として、スクラップ・アンド・ビルド型の建築指向が優先され、良質な社会資産を形成し維持していくことが得策であるという思想が確立していないこともある。

この事件で一般社会が認識できたことのひとつに、構造設計という業務や構造設計者の存在がある。従来の違法建築や欠陥建築といった話題の際に建築設計者や施工者が話題となることはあっても、構造設計者が話題となることはなかった。通常、建築主との関わりをもつのは意匠設計者であり、設計者といえば意匠設計者がイメージされ、構造設計者は世間からは遠く陰の存在であった。まして構造計算書や構造設計図の存在を知る人は少なかった。一方で、㈳日本建築構造技術者協会のような構造設計者の団体は、従来から社会との関わりを深めることの重要性を認識し、それに関する活動を行っていた。とくに一九九五年の阪神・淡路大震災後、建物の耐震性能を建築主に理解してもらう必要性が認識されたため、二〇〇一年には建築構造性能メニューを発表し、一般の人に対する説明用の資料を準備し、社会に向けての広報活動も行っていた。ただし、それは一方的なラブコールのようなものであった。

今回、図らずも構造設計者がクローズアップされ、構造計算書や構造設計図の存在も知れ渡った。しかし、そこで浮き彫りにされた構造設計者の姿や仕事の内容はほんの一部である。事件発生直後のマスコミの報道では、構造設計者は下請けとしての業務であり、発注者の圧力を受けながらコンピュータ相手に黙々と設計を行う専門家であるというようなものが多く、真の姿はほとんど紹介されていなかった。その後の報道では構造設計者の役割も紹介され、建物の安全確保のためには倫理観をもった構造設計の専門家が必要であることなどの報道もされてきているが、まだ不十分である。構造設計者の役割が十分に認識され、建築生産システムのなかでどのような役割と責務が期待されるのかが理解されることも良質な建築を作り上げていくうえで必要である。

構造設計者の役割

建物を作るためにはさまざまな役割の人が関わっており、なかでも建築主・設計者・施工者・検査機関の四者の関係と役割が重要である（図1）。通常、設計者は建築主の意向を受けて設計を行い、建築主の代理として確認申請の手続きを行い、施工者の工事を監理する。従来は一般の人がイメージする設計者とはデザイナーであったと考えられるが、建築を設計するためには幅広い専門領域の知識と技術が必要であり、現在ではほとんどの建築において、建築設計者とともに構造設計者や設備設計者が協力して設計を進め、それぞれの専門分野をカバーしている。

建築士法第一条では「この法律は、建築物の設計、工事監理等を行う技術者の資格を定めて、その業務の適正をはかり、もって建築物の質の向上に寄与させることを目的とする」とあり、同法第三条では一定規模以上の建物は建築士でなければ設計ができないと定めている。法的な立場ではひとつの建築に対しての建築士は一名であり、通常は建築設計者となるのでこの建築士が構造、設備のすべてにわたっての法的な設計者となる。

構造設計の分野が専門化しており構造設計者が存在しているものの、法的には位置づけはない。極端な言い方をすると、建築士でなくても、また、構造的な判断力や見識がない者でも、簡易な操作によるプログラムなどを利用することにより構造計算ができてしまう。法的には届け出た建築士が設計したことになり、確認申請をパスすることで計算書としては基準法に従っているものとして認められるわけである。法的な認知もなく、建築主との接触も少ない状況で構造設計を行っていると、設計者としての誇りを感じることもなく、たんに建築図にもとづいて構造計算だけを行う人を生み出すことにもなりかねず、今回の事件の発生要因ともなっているとも思える。もちろん、設計図面に事務所名を掲げ、高い志で構造設計を行っている構造設計者は大勢存在する。構造設計者が誇りをもって業務に携わり、建築主からもその業務が認識できることが建物の品質確保のためには望ましく、構造設計者の立場を法的にも明確にしていく仕組みが必要である。

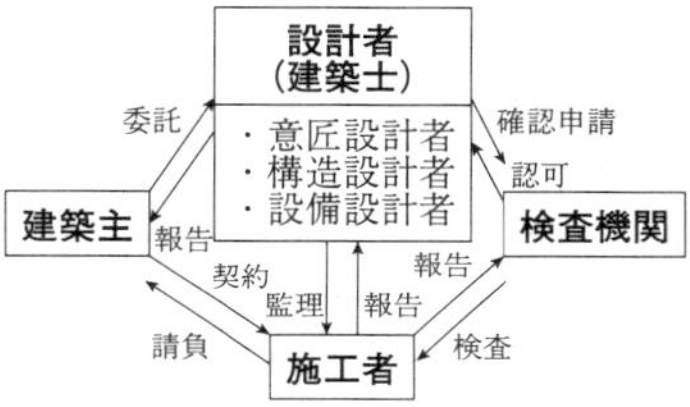

図1　建築生産に関わる人々

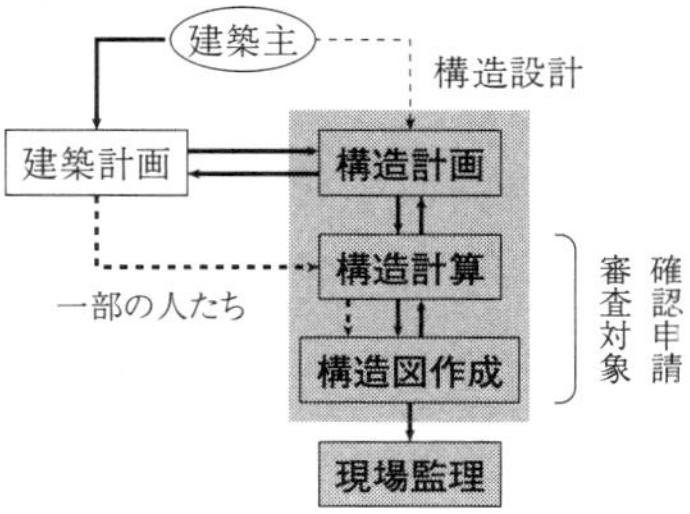

図2　構造設計者の役割

構造設計者の業務は大別すると構造設計と現場監理とになる（図２）。構造設計は、構造計算と構造図面の作成だけではなく、それらに先立って構造計画を行うことから始まる。構造計画は建築主の意向をもとに、建築計画との整合性とを計りながら、さまざまな構造システムの可能性のなかからそれぞれの建物にふさわしい構造（骨組み）のシステムを考え出す創造的な行為であり、建物の質を決定する重要な行為である。矛盾する与条件のバランスを考えながら専門家としての判断が求められ、場合によっては、構造的な検討結果により建築計画が作り直されることもある。計画された骨組みに対して構造計算を行った後でも、結果によっては計画を練り直すこともあり、構造設計はつねにフィードバックを繰り返す行為である。構造の役割は建物の安全性を確保することが基本要件であるが、それに加えて、魅力的な建築を可能とする構造システムを構築し実現していくこと、またそれを許容されるコストのなかで実現していくための工夫が重要である。つまり、安全・デザイン・コストといった相互に矛盾する条件面でのバランスを計ることが必要とされる。

今回の事件の状況を見ると、問題の構造設計者は建築設計者から図面を受領し、そのまま計算して図面を作るという一方向的な作業を行っていたにすぎない。仕事が早いとも言われていたが、設計に際してフィードバックを行わず、たんに作業としての構造計算、図面作成をしていたものである。当然、情報は建築設計サイドからの一方通行であり、決まった作業をこなす業務とみなされ、報酬も低い金額に抑えられていたことだろう。本来の構造設計とはほど遠く、このような仕事のやり方ではたとえ偽装していなくても質のいい建物とはなりえない可能性が高い。

できあがった建物の品質確保という観点では、適切な設計の上に、適切な施工が行われることが必要であり、それを達成するための仕組みとして設計者による監理が重要である。監理とは現場の工事が設計図どおりに行われているかどうかを確認することであり、躯体の監理は構造設計者が行うことが最良である。監理業務も建築主から建築事務所に委託されることが多く、躯体監理を構造専門家のいない建築事務所で行っていることもあるが、重要なことが見落とされているのではないか、また監理そのものも形骸化しており、書類上の手続きで済まされていることもあるとも言われている。近年では監理を専門分野として分業化させる動きもあるが、その場合にも構造設計の知識をもった専門家が躯体の監理に当たることが不可欠である。以上のように構造設計者の役割は多方面にわたる。

構造設計はどのように行われるか

構造設計の概要は前項で述べたが、さらに詳細を紹介してみたい。建築とは、人間が自然のなかで社会活動を営むために作るシェルターであると考えると、構造設計における与条件として、人間から派生する条件、社会から派生する条件、自然から派生する条件の三つに大別でき、これらの与条件に対して最適な解答を作り出していく行為が構造設計である（図3）。これらのうち、造形、機能、素材は建築デザインと関わりの深い与条件である。荷重、力学、地盤は自然と関わる与条件であり、このうち、力学は普遍的な与条件であるが、荷重や地盤は建設地によって異なる与条件となる。最近で

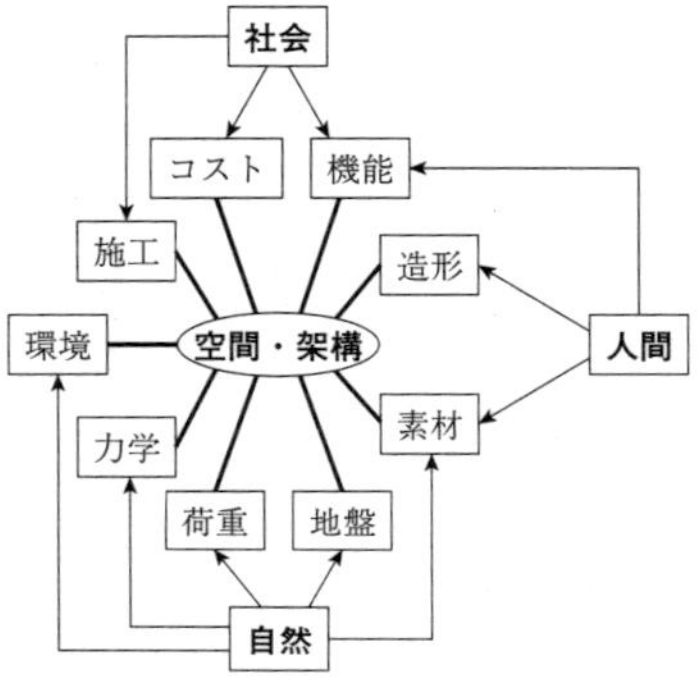

図３　構造設計の与条件

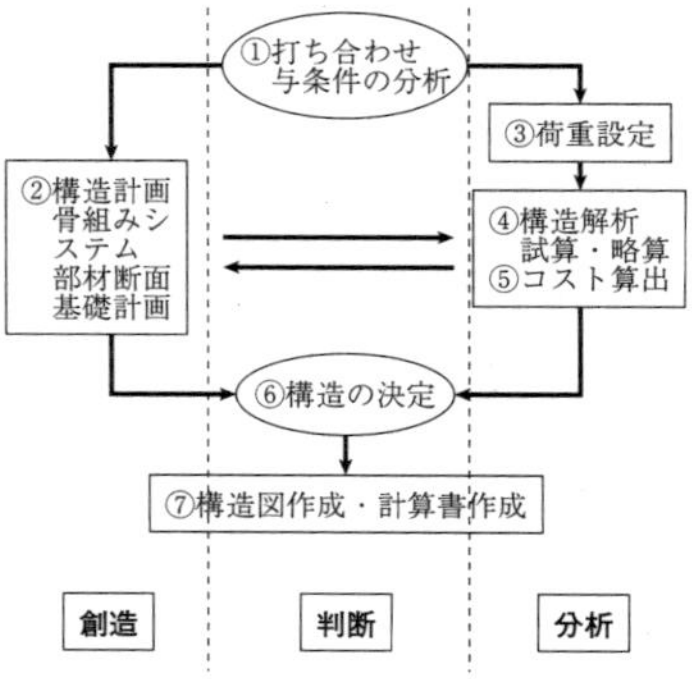

図４　構造設計のプロセス

は環境に対する配慮も構造設計で必要とされる場合もある。施工の条件は建設地、建物規模、施工者の状況など建築を取り巻く社会状況が影響する。コストは設計においてもっとも根本的な条件であり、もっとも苦労することである。今回の事件でコストダウンの圧力があったかのように言われているが、そういったことと関係なく、必要な条件を満たしたうえで、経済的な設計を心がけるのは設計者として当然の行為である。

構造設計を一言で表現すると、建築主、建築家より求められる建物の機能や造形を満足し、より安全な建物を経済的に作るということになるが、これらの要素がお互いに矛盾をすることが多く、すべての要素の最適解を集めて設計することができず、取捨選択を繰り返して建物を作っていくことに設計のむずかしさがある。また、これらの判断において個人の主観的な価値観が関与し、また多くの人の合意が必要なことも建築の特殊性である。

具体的な構造設計のプロセスを紹介してみたいが、構造設計の進め方は設計者によって異なり、以下は筆者の経験としてのプロセスである（図4）。まず、建築設計者との打ち合わせが行われ、プロジェクトの規模、機能、敷地条件や建築デザインのイメージなどが提示される（①）。どんな建物なのか、建築デザインとして何を求めているのか、構造として何ができそうなのかなど、夢と想像が膨らむ楽しい時である。これをもとに構造の組み立て方を模索するわけであるが、この段階ではひとつの解決方法に捕らわれず、発散的にさまざまなアイデアや可能性を考える、いわば創造的な思考を行

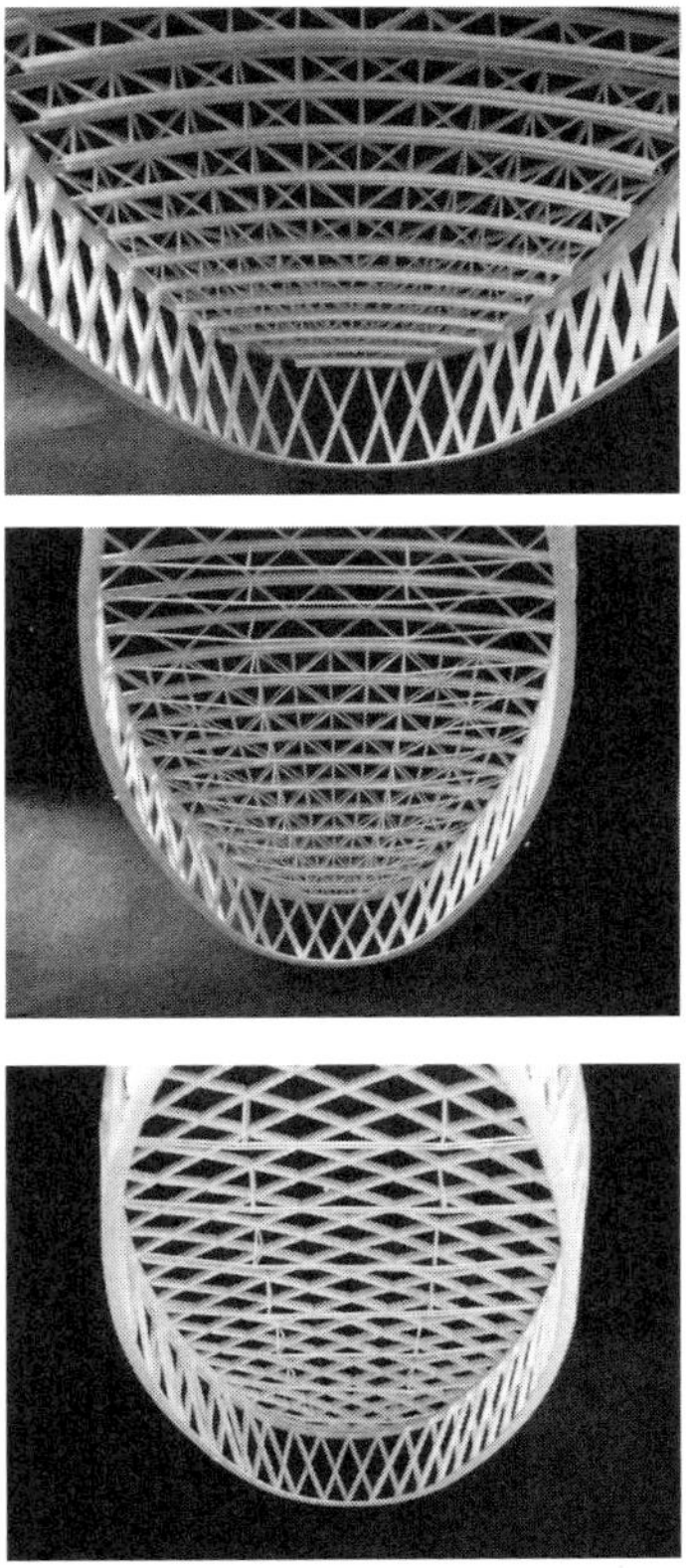

写真1　体育館の屋根架構スタディ模型

う。骨組みのシステム、骨組みを構成する部材の形態をイメージし、デザインイメージを実態化していく（②）。建築のイメージに対して複数のアイデアを比較検討することで、さらなるアイデアが生まれることもある。**写真1**は、中学校体育館の基本設計時の構造模型であるが、同じ形態の建物であっても部材の配置や材料により建築としてのイメージもずいぶん異なることがわかる。構造的なアイデアが建築の空間構成やデザインに刺激を与えることもあり、相互の意見のやり取りを繰り返してアイデアを生み出していく。

複数のアイデアから方向性を選択していくためには、アイデアを定量的に検証し、構造体のオーダーを決め、安全面、コスト面についてのチェックを行うことが必要である（④⑤）。安全面のチェックを行うには荷重を設定することも必要であり、これも与条件となる（③）。定量的な検証とは構造モデルを作成して荷重を与えて応力を求めて検証を行うことであり、設定された問題に対して集中的、客観的に分析を行っていくことでもある。**図5**は、京都駅ビルアトリウム（写真2）の設計で採用した解析モデルを示している。この構造物は幅三〇メートル、長さ一五〇メートル、高さ六〇メートルの大きさを持ち、一・四四メートルグリッドのトラス構造であるため約一万個の節点があるものとなっている。最初から全体で検討することは効率が悪いため、モデルAという簡単なものから、B、Cと少しずつ複雑となるモデルを用い検討を進めていった。それぞれの検討の結果により全体の形状や部材断面を決め、デザインにフィードバックさせた。このようにラフな検証から精度の高い検証まで、目的に応じてモデルや検証方法も異なる。定量的な検証の結果によって構造計画が適切であるかどう

写真2　京都駅ビルアトリウム

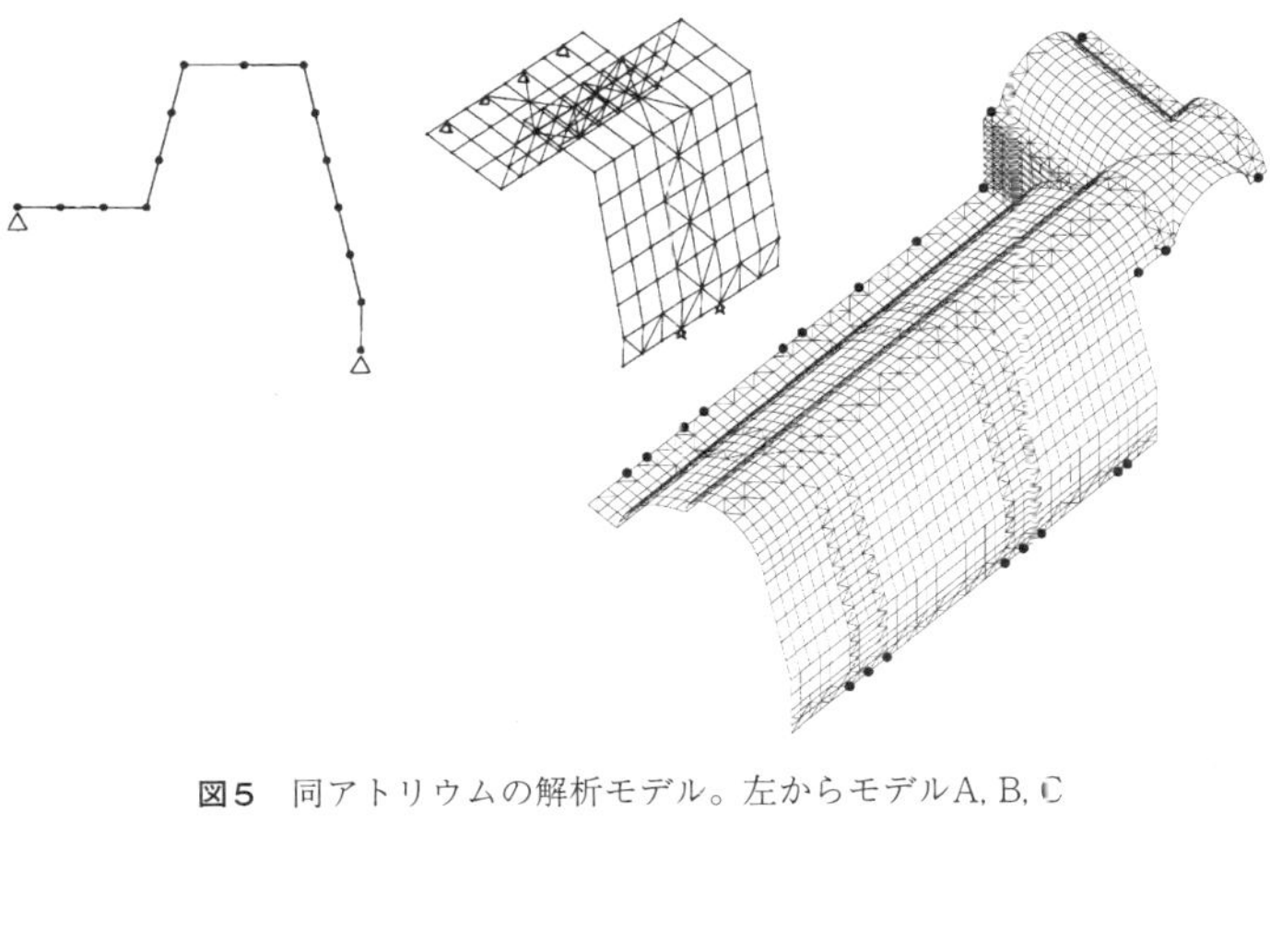

図5　同アトリウムの解析モデル。左からモデルA, B, C

かの検討と、必要であれば見直しが行われ、建築デザインの決定にまで影響が及ぶことがある。この作業が繰り返し行われ、徐々に全体の計画の整合性が取られていく⑥。基礎構造は建築デザインと関わりが少なく地味な分野であるが、同じような検討が重要であり、設計の判断によって基礎構造のコストは大きな差が生じる。

このようにアイデアの創出とその分析とが両輪となって設計が進んでいく。さまざまな検討をもとに採用する構造を決定することになるが、構造単独で考えた場合でも、荷重設定やモデル化の妥当性、施工段階での不確定要素などを考慮したうえで判断を行うことが必要である。また、建築デザインと構造整合性との矛盾点の調整、コストの制約を満たしたうえでの判断を行うことが必要になり、トータルの建築として考えたときに何が重要であるかを認識し、許容できる方向を見いだすための苦悩の行為である。プロジェクトの内容、関わる人々の顔ぶれによって解決の方向性も異なり、総合的、経験的な思考が必要とされる。ここでもっとも必要とされることはバランス感覚である。

このように、構造設計は創造（発散的、主観的な思考）、分析（集中的、客観的な思考）、判断（総合的、経験的な思考）という三つの思考行為の積み重ねと繰り返しによって行われる。構造解析は比較的客観的な行為であり、モデル化の違いはあるにしても検討結果の個人差は少ないが、構造計画や決定の判断は個人の考え方や経験による差が大きい。全体としてみれば、建築デザインと同じように構造設計も設計者の個性が発揮されるものである。

構造設計は建築デザインとの関係が深く、建築から構造への一方通行のものではない。よい建築とは建築デザインと構造デザインが巧みに融合しているもので、このことは時代にかかわらず建築の根源的な問題である。しかし、建築の価値観は時代の影響を受けて変わってきたし、また構造デザインの背景となる構造技術も時代とともに発展してきたため、融合の形態は時代により異なる様相を示すことになる。一九六〇年代に建築と構造の融合により新しい建築が生み出されたと言われているが、このころの融合はある種の普遍性をめざしており、技術が先導して新しい建築空間を作り出し、最小の材料で最大の空間を作ることが第一義的な目的とされていた。また、解析手法や施工的な制約から幾何学的に整合したもの、反復的なものとなることが必然であった。現在ではコンピュータ技術の恩恵により高度で複雑な解析が手軽にでき解析的制約条件が少なくなったことや、加工、施工技術の進歩により複雑な形態のものも作れるようになってきたことで構造の選択肢が広がっている。形態的には非対称、不連続、複合性という要素もめだつようになり、極端な言い方をすれば、コストが許せばあらゆる形態が作れてしまうようにもなってきている。

構造の合理性とは一般的に力学的な整合性や経済的な合理性のことを意味するが、これらの合理性が必ずしも第一義的ではない。これからの多様化の時代にあって建築と構造の融合を考えていく際には、まずデザインの表現性と力学的整合性の最適なバランスを見いだしていき、それがプロジェクトに見合った技術で可能かどうかを考えることが必要である。技術はグレードの高いものから平易なものまでさまざまあり、普遍的な技術はコストも安く品質管理も容易であるが、特殊性の高い技術を使う場合には見合ったそれなりのコストや品質管理体制が必要である。もちろんコストは構造単独のも

写真3　昭和記念公園花みどり文化センター

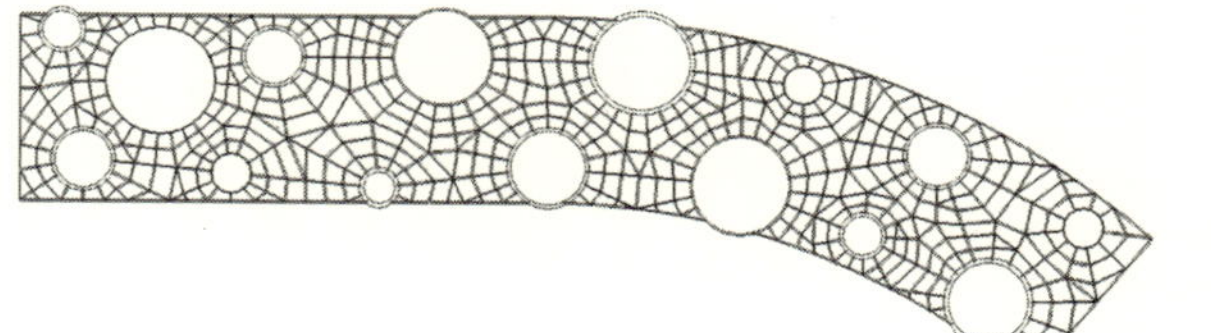

図6　同センターの構造体を決定するシステム説明図

のではなく、プロジェクト全体のなかでどれだけその技術に費やすことが可能であるかにより決まるものではあるが、採用する技術を決定するためには支配的な要因のひとつである。建築のなかでの構造のもつ意味もさまざまであり、最先端の構造技術を利用した建築、新しい材料を使用した建築、構造の美を表現した建築など、構造技術に主眼をおいた建物は建築と構造の融合について注目されることが多い。しかし、普遍的な手法や材料であっても新たな組み合わせを工夫し、構造が表現されるか否かにかかわらず、それぞれのプロジェクトに最適な構造システムを探っていくことも重要である。

写真3は昨年、昭和記念公園内にオープンした花みどり文化センターという施設（設計：伊東・クワハラ・金箱・環境エンジニアリング設計ＪＶ）であり、緩やかな起伏を持った屋根を作ることと、ランダムに配置された円筒形の壁や列柱により屋根を支えることというコンセプトにもとづいて構造システムを計画したものである。一見、不定形な構造に見えるが、形態の生成のルールを作り、力学的整合性、施工的整合性を考慮したものである（図6）。

構造計算の意義

今回の事件で、「構造計算結果がばらつく」ということもニュースとなった。この件も一般社会では理解されがたいことではないだろうか。建築基準法というルールのもとで構造計算を行って安全性を確認することになっているのに、その計算結果が設計者やプログラムによって異なるのではきちんとした判定ができないのではないかという素朴な疑問が生まれる。

計算結果がばらつくというのは次のような理由によるものである。建物は多くの部材を集合させて作られており、また一品生産的であるためその形や構成もその都度異なっている。これらを構造解析するためにモデル化が行われる。たとえば、**写真4**は開口が市松状に設けられた鉄筋コンクリートの建物（「マドビル」建築設計：アトリエ・ワン）であり、構造解析モデルは**図7**のようなものを用いた。実際の建物と解析モデルの対応を見ると、柱や梁は実際にはボリュームがあり、それらが交点の接合部で一体化され、さらに壁や床が取り付いているが、通常の構造計算では柱や梁は棒状のものと仮定され、壁も等価な性状を示す棒状の部材に、床はその効果を梁に見込むなどのモデル化を行うことになり、この際の手法に違いが生じる。他にも、部材や地盤をモデル化するときの問題として、鉄筋コンクリート部材のひび割れを考慮する方法の違いや地盤の力学的な定数の取り扱いになどによっても違いが生じる。

以上の差異は構造物が弾性域（力と変位が比例関係にある範囲）においても応力計算結果が異なる原因となるが、耐震設計のように塑性域（力と変位が比例関係にない範囲）を扱う場合にはさらに要因が増える。今回の事件に関連して、保有水平耐力計算と限界耐力計算によって計算結果が異なるという問題も指摘されているが、これは、塑性化した状態まで考慮に入れて建物の許容できる状態をどのように設定するか、また、地盤を考慮して入力地震動を決めるかどうかの違いがあり、これらの要因により結果が異なるのである。

写真4　市松開口のRC建物（マドビル）

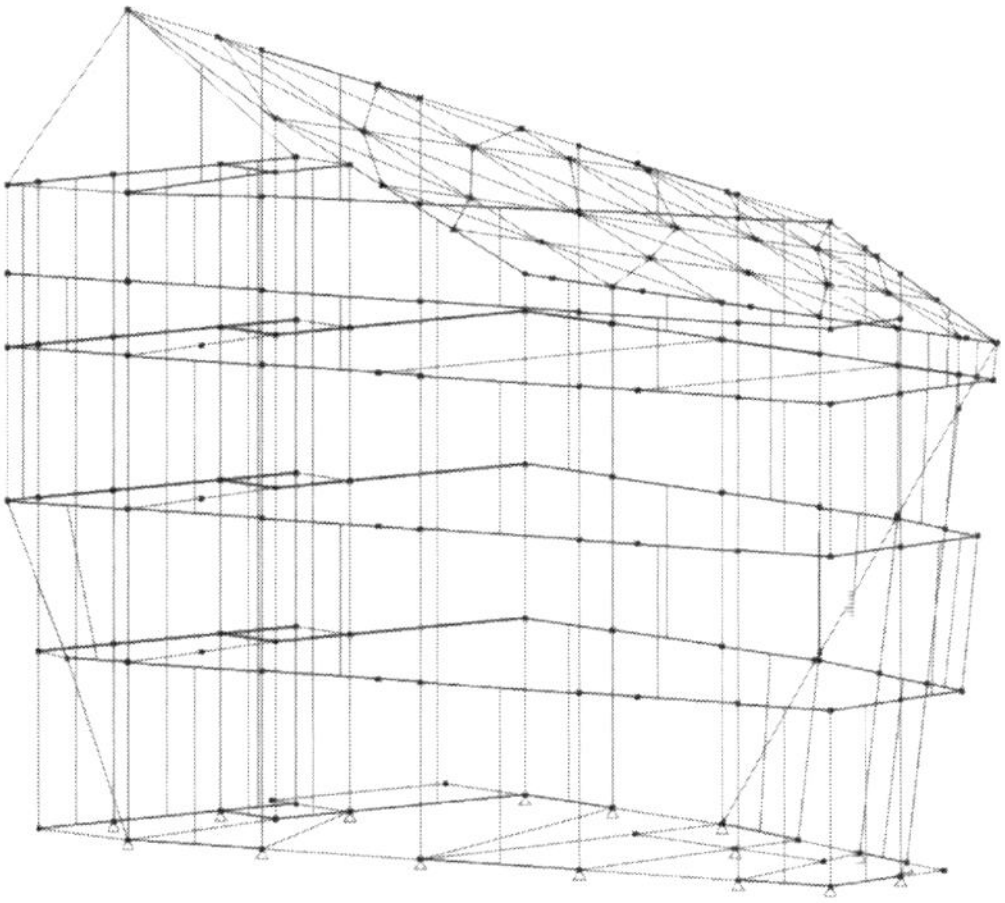

図7　マドビルの解析モデル

構造計算をオリンピック競技に例えると、陸上競技や水泳のように明確な数値の記録で評価できるものではなく、フィギュアスケートや体操競技のような採点競技に似ている。これらの競技では技の難易度とその達成度の組み合わせで採点され、複数の審査員によって点数が違い、ときには採点をめぐって協議が行われることもある。構造計算もモデル化、つまり前提条件をどのように考えているか、得られた結果がどうであるかの両方を理解しないと正確な判断ができない。モデル化が違えば結果も違うが、大枠の数値をとらえて構造物の挙動を理解することで設計としては十分意味がある。ただし、法的にはある目標数値をクリアする必要があるので、ひとつの答えとして構造計算書が作られる。

建物によってもモデル化の精度を高めることができるものとそうでない建物とがある。また、意識的にラフな精度のモデル化で計算をすることもありうる。重要なことは、モデル化の精度を得られた結果の判断にどう反映させるかということであり、精度の粗いモデルを使用することが劣った計算をしていることにはならない。精度が粗いモデルの場合には結果の判定に余裕を持たせるといった配慮をすればよい。また、京都駅ビルアトリウムの紹介のところで述べたが、計画の初期の段階ではラフで単純なモデルによる解析によることで全貌が把握できるので有効でもある。コンピュータが発達する以前には、構造計算は計算尺、電卓、簡単な計算機によって行われており、特殊な形状の建築も作られていた。

モデル化の設定内容とともに、モデル化の差異がどの程度結果に影響するかを知っておくことは重要である。とくにコンピュータプログラムを用いた計算の場合、計算の中身がブラックボックスとなっているため、結果の評価が欠かせない。このためにも、単純なモデル化により、手計算（電卓などで計算したもの）との比較が重要となる。今回の事件で話題となっている「認定プログラム」は、骨組みのデータをすべて入力すると、荷重計算、応力計算、断面の強度計算までを一括して行うもので、定められた運用方法を守ることを条件として国土交通省で認可されたものである。このプログラムを使用した場合には途中の計算過程の表示を省略できることができる。個別の計算に比べると時間は短縮できるという長所があるが、途中の過程を意識しなくても計算ができてしまうためブラックボックス化しているとの危惧も指摘されている。しかし、認定プログラムであっても計算そのものはさまざまなモデル化のもとで行われており、モデル化が適切なものでなければ、正しい構造計算はできない。コンピュータが自動的に設計をするわけではない。

安全とは何か

建築基準法第一条では、「この法律は、建築物の敷地、構造、設備及び用途に関する最低の基準を定めて、国民の生命、健康及び財産の保護を図り、もって公共の福祉の増進に資することを目的とする」と謳われている。また同法二十条ではその手段として、「建築物は自重、積載荷重、積雪荷重、風圧、土圧及び水圧並びに地震その他の震動及び衝撃に対して安全な構造のものとして、建築物の区分に応じ、それぞれ当該各号に定める基準に適合するものでなければならない」と書かれ、その後にさらに具体的に、政令で定める技術基準を満足させることや、政令で定める構造計算を行うことが義務づけられている。これを読むと、建築基準法では〝安全をあるルールで定め、それが最低基準である〟と規定していることがわかる。しかし、一般社会ではそのような受け取り方がきちんとされているかどうかが問題である。「国が性能を決めて保証してくれるから安心できる」という感覚を持っていることはないだろうか。確認申請をパスしていればすべてにおいて安心でき、住宅販売業者も確認申請がパスしていることを国のお墨付きのように扱っていることも問題である。

耐震強度偽装事件により構造に関する関心が高まったが、そのなかでも重要なことが抜け落ちている。法の規定が満たされているかどうかに関心が集まり、法で規定している性能とは何か、それが許容できるものかなどの議論まで行き着いていない状況である。

性能と設計の関係についてのわかりやすい例として、鉄骨階段を考えてみる。階段の機能としては通行ができればよく、透明感のある軽い階段がよいか、強固で重厚な階段がよいかはデザインの話である。ところが、軽い階段を作るといった場合に、使用時の性能を決めないと設計はできない。つまり、普通に歩いた場合でも揺れてよい階段、通常は揺れないが駆け上がると揺れる階段、駆け上がっても揺れない階段とでは、目標とする性能が違い、極力軽いイメージの階段を作るという同じデザインイメージに対してもまったく違ったものとなる。つまり、階段の構造性能（使用時の性能）として松竹梅のグレードがあり、それを決めることが設計の与条件となる。

構造の性能にはさまざまなものがあるが、地震力に対する性能を考える場合には、地震力の大きさとそのときに許容できる建物の状態とを組み合わせて考えなければならない。建築基準法では二段階の地震力の大きさを想定し、中小地震、大地震という表現を用い、「中小地震時には建物は損傷せず、大地震時には倒壊しない」という言い方があるが、これは何も言い表していないに等しい。少しまともな表現として再現期間の考え方を持ち込み、「中小地震は建物存在中に一度起こる地震、大地震は工学的に生じうるかもしれない地震」というような表現に変えてもわかりにくさは変わらない。専門的な知識の少ない人たちに対してはもっとわかりやすい表現が必要である。ひとつの方法としては、厳密さは欠いても身近な表現に置き換えてしまうことである。中小地震を震度五強の地震、大地震を震度六強の地震に置き換え、「震度五強では建物にほとんど異常は生じないが、それ以上になると建物の仕上げ材の破損やＲＣ壁のひび割れが生じ、建物が傾くこともある。震度六強程度までは部分的にそのような損傷があっても床や屋根は落ちない」という説明をすると、ほとんどの人は理解できるだろう。今回の事件後の説明でも地震力の強さの表現としてこの方法が用いられている。ただし、この説明が工学的に適切ではないという指摘は多くの専門家からなされており、同じ震度の地震であっても建物に与える影響の大きさに幅はあるし、地盤の固さや建物の形態によって実質的に建物に作用する地震力の大きさが異なり、また構造種別によっても建物に発生する損傷の状況が異なる。もっと直接的に、建設される土地での再現確率にもとづいて地震力評価をすべきであるという意見もあり、ＰＭＬ評価などではこの方法が用いられている。

地震力を受けた建物の状態を考えてみると、地震力は建物に作用する水平力とみなせる。この場合

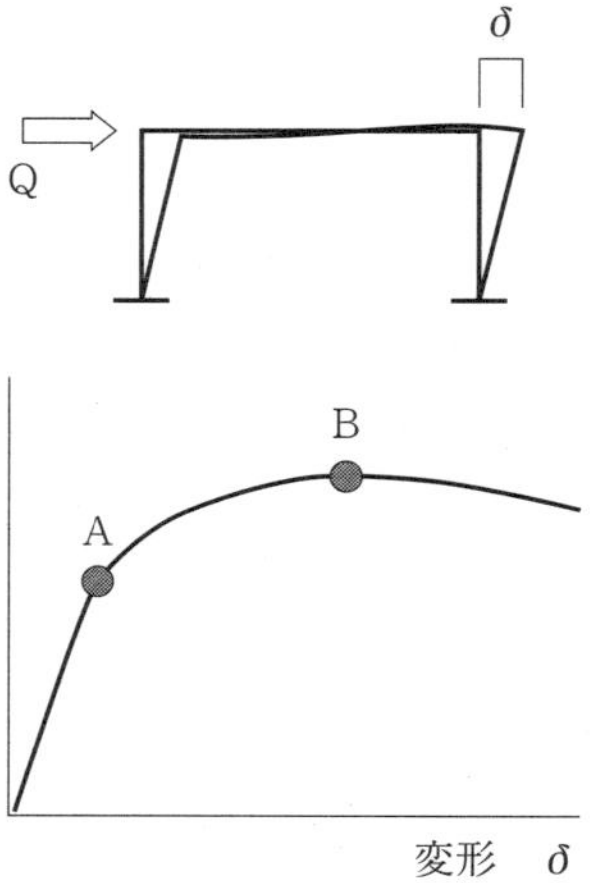

図8　水平力と荷重変形関係

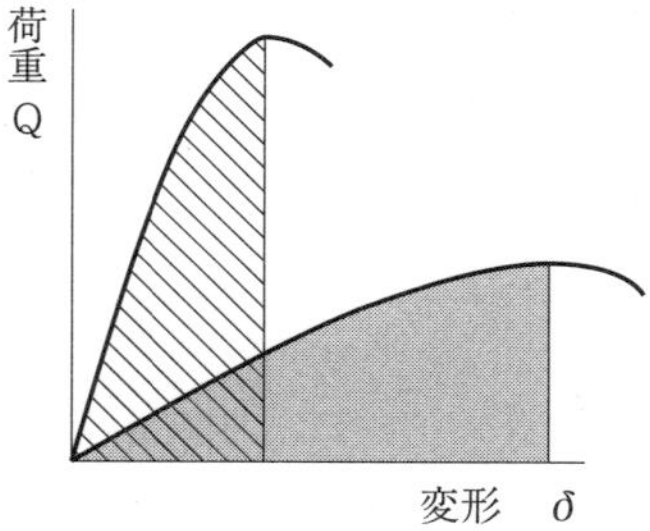

図9　建物のエネルギー

に水平荷重と水平変形の関係について模式的に示すと**図8**のようになる。はじめのうちは荷重と変形が比例関係にあり、この範囲では加えた荷重を除去すると変形はゼロになり、建物は元の形に戻る、いわゆる弾性の状態である。点Aが比例関係の限界点であり、これを超えて荷重を増やしていくと荷重の増加が小さいにもかかわらず変形が急激に進む状態、いわゆる塑性状態となる。荷重は緩やかに上昇を続けるが、やがてB点で最大値となり、それ以降は変形が進むが荷重は減少する。B点を建物の最大耐力と考えるとこの状態が建物の崩壊点となる。

建物が損傷しないことは、地震力を受けたときにA点以下の状態にとどまること、建物が倒壊しないとはB点を超えないことと考える。建物が地震に耐える、つまり水平荷重に対してB点を超えないようにするためにはふたつの要素に着目して考える必要がある。ひとつはB点の強度そのものであり、強度が十分に大きければ地震に耐えることができる。もうひとつの着目点は、B点の変位がA点の変位に対して何倍くらいあるか、つまり建物が塑性変形を生じてからどの程度変形できるかという性質で、これを「塑性率」と呼び、塑性率の大きい構造物は「粘りのある」「靭性の大きい」構造とも呼ぶ。建物が地震力を受けることは見方を変えると、地震力のエネルギーが建物に作用して建物側でエネルギーが消費されることであり、建物側のエネルギーを概念的に示すと、図9の荷重変位関係を表す曲線の下側の面積に相当する。大雑把な表現をすると、保有水平耐力計算はこの部分の面積の大きさを計算することにより建物耐力（地震に耐える性能）を評価する方法であり、建物の最大強度が小さくても十分な粘りがあることで地震力に耐える構造物とすることもできる。ただし、その際は建物が大きな変形をすることを容認することが前提である。限界耐力計算や時刻歴応答解析は、建物が地震力を受けたときに、図8の荷重変形関係のどの位置まで到達するかを計算してB点を越えないことを確認する方法である。B点の設定によっては大きな変形を許容して地震に耐える建物となることがある。

このように建物の耐震安全というのは単純には決めにくいもので、どの程度の安全を見込むか、どのような状態を許容するかは本来建築主と設計者の話し合いで決めることが望ましいと言われている。しかし、建築主に構造の性能をたずねたとすると、その反応は「世の中の建物が法律に従って作られているものが多いなら、それでよい」、「そう言われてもどうしていいかわからない」、「よくわからないが、周りの建物に比べて相対的に性能を上げたい」、「地震が来ても建物は何の異常もないようにしてほしい」というようにさまざまと思われる。すべての建築主が自身で的確に性能を決められることは考えにくく、構造設計の専門家としてのアドバイスは重要である。

建物の構造設計は個人差が多いということを述べたが、一方で法令にもとづき建物の安全性の審査を行うことになると、羈束性（誰が判断しても同じような結果が出せる）が必要とされるため、一定のルールが必要となる。誰が判断しても同じになることを目的とすると、細かいところまで規定することが必要となるが、そのことで、自分で考えずに決められたことだけに従う構造設計者を増やす可能性があるし、逆に設計者が新しいアイデアを取り込もうとした場合に細かい規定が足枷となり、個性的な設計に対して障害となる可能性がある。前にも述べたが、設計は一定のルールだけで行うものではないし、判断もできるものではない。したがって、行政や審査機関が詳細なルールにもとづいて隅々まで審査を行うことには限界があると考える。

構造性能を保証するシステムに関してさまざまな議論があるが、究極的には余分な規制を減らし、資格のある構造設計者に権限を付与して、同時に責任を強化するという方法がよいと考える。設計者個人にそれだけ責任を負わせるのは社会的にみて安心できないというのであれば、第三者の専門家のチェック制度を設けることや保険制度を組み合わせることがよい。設計で使われる技術は法で一義的に決められるような狭いものではないため、さまざまな技術の根拠にもとづいて専門家として判断していくことが望ましい。第三者の専門家の審査は〝ピアレビュー〟と呼ばれ、本来は建築主の費用と責任において実施することがよく、性能を含めて設計の適合性を総合的に判断することが可能である。建築基準法改正法案で提案されている専門家チェックは〝ピアチェック〟と呼ばれ、法令適合に関するチェックだけが行われるもので、ピアレビューとは異なる。

ストック活用における構造設計者の役割

社会の変化に伴い、構造設計がめざすものやそのプロセスも変わっていく。今回の事件を受けて、安全性の確保は第一義的に構造設計者の役割として認知されたが、安全の確保だけではなく、文化の担い手としての建築の実現に携わっていく役割もある。さらには環境面の配慮から、旧い建物を壊して新しく建物を建てるという従来のシステムから、ストック活用という新しいシステムへのシフトが時代として求められるようになり、それへの参画も重要である。今回の事件を受けて、耐震診断、耐震補強の機会も増えることが予想され、これも一種のストック活用である。しかし、これからのストック活用はよりバラエティに富んだものとなり、建築デザインとしても価値のある活用が求められる。耐震補強という分野が建築デザインと切り離されてそれ自体が目的となっている限りはストック活用の促進力とはならない。

従来の既存躯体活用では躯体をそのまま利用しての模様替え、もしくは部分的にスラブや梁を撤去する、あるいは耐震補強を行うといったような手法である。新しい積極的な発想により、古い躯体を

写真5　ストック活用による美術館
（左側が新築部分、柱より右側が既存部分）

写真6　木造建物のストック活用
（上・施行中外観、下・同内観）

生かしながら、一部分を作り換えあるいは付け足すことにより、新しい空間に適した構造を作り出し、そこに耐震補強も付加していくという発想が重要となる。筆者が最近関わったプロジェクトでは、既存の建物の一部を残し、新規建物を横に増築して一体の空間とした小規模美術館（写真5／建築設計：東京工大奥山信一研究室）、あるいは既存軀体に大幅に手を加えて空間を変え、同時に耐震補強も行った木造建物（写真6／建築設計：小泉アトリエ、首都大学東京4-METセンター）がある。構造設計者の役割も社会状況の変化に対応して広がりつつある。

「リファイン建築」からの提言

青木茂

不適格建築を適法建築に変えるための手法

一九八一年はじめてヨーロッパを訪れた。そこで目にしたものは、新築よりも再生建築の宝庫であった。いつかこんな建築をつくりたいとの想いからリファイン建築を始めたが、日本には建築基準法という大きな壁があり、それを乗り超えるための試行錯誤が始まった。実作一作目が完成して十八年になるが、この間多くの建築基準法の改正が行われ、とくに最近ではたびたび改正されている。それを踏まえて、以下をお読みいただきたい。

さて、既存の建物を増改築する場合に適法な手法はどのようなものか検証してみよう。国宝や重要文化財などの指定を受けた特別な建物を除き、今年できた建物と百年前の建物では、構造耐力の安全を確認する手順が異なる。まず、既存建物の建築確認申請書の有無である。確認通知書が交付され、それが保管されていれば、構造図の有無で方針が分かれる。構造図がある場合には、建築確認日が昭和五十六年度（一九八一年）六月一日より前か以降かで、対応方針が分かれる。つまり、昭和五十六年度六月一日に施行された新耐震設計基準にもとづく設計施工か否かでジャッジされ、以降であれば、新耐震設計による建築物と判断される。さて、この新耐震基準の建物に増築する場合、既存部分も含め現行の構造基準へ適合させることにより問題なく着工できる。増築がない場合は、構造基準への抵触が起きないことから問題なく建てられる。以上がスムーズに行える場合である。

既存建物の確認申請書が昭和五十六年度（一九八一年）六月一日より前の建物（厳密には、さらに六月一日以前に着工したもの）であった場合はどうであろうか。つまり、これは旧耐震基準の建物である。その建物に増築をするか否かで対応策が異なる。増築しない場合、用途の変更を伴わず小規模な改修工事であれば、実体としての耐震性能に疑問は残るが適法な工事として扱われる。これは、建築基準が強化されるたびに建物改修を求めるのは社会的に不経済であるため、次に建築工事を行うまでの間は、「既存の不適格な建築」として現行の法規に不適合な状態を許容する制度によるものである。したがって、構造耐力が現行の基準を満たしていない場合も適法として扱われる。では、増築する場合はどうであろうか。増築の規模によって、三つのルートに分かれる。増築面積が既存延べ床面積の二十分の一以下かつ五〇平方メートル以内である場合には、現行の耐震基準に達しなくても構造耐力上の危険性が増大しないことを確認すれば、既存不適格建築としてOKになる。また、補強工事を施し耐震性能を向上させる場合も、適法工事である。さて、増築面積が、前述の数値を超え、既存延べ床面積の二分の一以内の場合は、既存部分と増築部分をエキスパンションジョイントで構造的に独立した建物に分離し、既存部分が耐震診断により安全を確認できれば、先ほどと同じように不適格建築として適法となる。エキスパンションジョイントで分離しない場合には、現行の耐震基準で建物全体の安全を確認する必要がある。しかし、この安全確認はかなりむずかしく、比較的壁が多く、三階建て程度の小規模な建物でなければ安全になることは少なく、大規模や中規模な建築物では現実的には不可能な場合が多い。さらに、増築部分が既存延べ床面積の二分の一を超えた場合。これはエキスパンションジョイントで分離する場合であっても、すべて現行法規に適合することが条件であり、新耐震基準による同等の構造耐力を確認できないと、法規に適合した建物とはみなされない。したがってむずかしく、現実的には、ほとんど不可能ではないかと考える。

さて最初に戻り、建築確認済証が保管されてない場合はどうなのだろうか。その場合は、工事の検査済証があるかないかで判断される。ある場合は、役所との協議に入り、構造図の有無で、先ほどと同じようなフローになる。検査済証が保管されていない場合、役所の台帳に記録があれば、役所との協議が可能であり、構造図の有無によるルートに戻る。台帳記載がない場合であっても、役所との協議で用途変更や増改築が建築確認申請の必要のない範囲の工事と判断されれば、耐震性能に疑問は残るが、既存不適格建築物として法的な制約はクリアできる。

建築家の責任として、既存の構造図がある場合に、自主的に計算を行い、耐震性能を確認することは可能であるが、図面どおりに施工されたことが明確でないため、信頼性に欠けるという欠点がある。また、役所の台帳に記載がない場合、不法に建設されたとみなされ、おそらく役所との協議はできず、その建物を適法に増改築することは不可能であり、朽ちるのを待つ以外にはないのが現行法規の増改築のルールである。建物の実体としての安全と法に定める手続きの関係は、複雑で理解しがたいことが、一読した読者のみなさまにも認識できると思うが、今回の偽装事件を契機に法の改正が進められており、これに対応してどういうふうに課題を整理しクリアし増改築を進めていくかがわれわれの仕事であり、今後も課題は多く残ると思っている。

私の事務所では、建物の減量化により建物を軽くし地震への安全を高めつつ、必要な補強をしていくという手法を用いている。この手法で、既存建物の構造の安全を耐震診断により確認できる場合があり、いろいろな手法の組み合わせは必要とはなるが、建築主事に耐震性能を説明し判断を仰ぐことになるが、多くの場合、みずからが手がけたのでもない建物の構造耐力の安全を調査し説得しうるに足る資料をつくり、立証しなければならないという生みの苦しみはついてくる。すべては、既存建物の構造の安全を説明できれば法の制約をクリアできるので、そのことに全力投球しながら、補強コストとの睨み合いが続く。そのことが、リファイン建築の苦悩ではあるが、醍醐味でもある。

クライアントへの説明

今回一連の耐震偽装問題で明らかになったことのなかで、建築界と一般の常識が掛け離れていることに気づいた。建築界では組織の内部に構造設計家を抱えている大規模な事務所を別とすれば、建築家と呼ばれる意匠設計家が元請けとなり、構造設計や設備設計はパートナーの事務所に外注することが一般的な仕事の流れである。そのことは一般のクライアントにも当然のことと思っていた。しかし、相当の勘違いであることがわかった。私は意匠設計家のなかでは構造設計にはかなり詳しいと自負しているが、構造計算そのものはパートナー事務所に外注している。一般的な意匠設計の事務所であれば構造設計はほとんどこのようなスタイルで行われている。ところがクライアントは、すべての設計作業を意匠設計事務所がやると考えている。これはどういうことなのであろうか。一般と専門家の認識の大きな違いである。やはりわれわれがきちんとした説明をする必要があったのではないかと思う。

偽装問題で、建築構造がクローズアップされ、かなりの方が理解を示しているが、マスコミ等に発表されている耐震強度一という数値、これは〔建物の地震に対する強さ（＝保有水平耐力）〕を〔大地震でも人命が失われる倒壊を許さないとして建築基準法が求める必要な強さ（＝必要保有水平耐力）〕で割ったものであり、これが一以上なら安全とされる。リファイン建築を始めたころから、一九八一年の新耐震設計基準と一九七一年の建築基準法の改正について、建物の一般的な耐震性能について七一年までの建物は一に対して〇・二五—〇・三、七一年から八一年までの建物を〇・五—〇・六の範囲であると推定し、クライアントに説明するようにしている。クライアントにとっては、新耐震以前の建物は不適格建築であると言われてもよく理解できないため、具体的な数値をあげて説明するように心がけてきた。強度が半分以下というといまにも倒れそうだという認識をされるが、地震がない国の場合、建物は、基本的には自重や人、家具、設備などの重量（積載荷重と呼んでいる）を支える構造性能があればいい。海外で、建物の柱の細さに気づかされると思うが、地震がない国では、日本で求められる水平耐力の〇・二五とか〇・三であっても何も問題なく使われる。つまり、地震国日本では短期荷重と呼ばれる地震時の安全に対し建築構造のすべてが決められているともいえる。それをきちんと説明し、新耐震以前の建物とそれ以降の建物では、柱の大きさ、梁の大きさ、また中に入っている鉄筋量、帯筋（コンクリート柱の中の鉄筋で、主筋と呼ぶ垂直方向の鉄筋を樽のタガように縛っている鉄筋のこと）などに違いがあることを説明し、それを補うために建物を軽くする、また不足する鉄筋に対して補強を行う、ということを説明してきた。一般のクライアントに対しては、このような説明が非常に重要なのではないかと考えている。ただ耐震偽装の問題が発覚する前は、クライアントはあまり関心がないのが一般的であった。

神戸の教訓

さて阪神・淡路大震災の集合住宅の破壊状況を私なりに検証してみた。建物の構造バランスの問題以外に、破壊部分には木屑や空き缶などがコンクリートの中に埋まり、施工ミスや計算書のとおりに施工されたかどうかが問題視されるものも見受けられた。それと、もしここに袖壁などがあったら、などと想像をめぐらせてもみた。とくに施工段階で生じたと推定される本来あるべきものがない欠損部分が地震に対する強度を低下させていることの検証は、地震後ではできにくくむずかしいが、私の二十数件におよぶリファイン建築の経験では、仕上げを取り除いた後の躯体に危険と思われる重要な

上下とも撮影・小野洋之

鉄輪バーデンハウス

2006年竣工(大分県別府市)。上・リファイン後の外観。下・既存(1982年竣工)外観。

欠損部分を発見することが多い。逆にいえば阪神・淡路大震災のとき、欠損がなければ破壊せずに残った建物も数多くあったのではないかと思われる。いま私の事務所でやっている大きな仕事は、建物の仕上げをとった段階で欠損部分を発見し完璧に補修することである。それは人間のカルテに近いのではないかと思っている。たとえば大分県別府市内の閉鎖された観光ホテル（構造規模SRC造・地上十階地下一階、敷地面積二三七六・五六平方メートル、建築面積一三二七・八三平方メートル、延床面積八九七四・七〇六平方メートル）は、老人ケア付き分譲マンション、部屋数九十五戸へとコンバージョンしている（二〇〇六年五月完成）が、欠損部を発見し補修した記録は七百ヵ所以上におよぶ。これにより建物が新築時の設計で意図した水準の耐震性能に回復されたことが証明できるのではないかと考えている。逆にいえば、新耐震の建物であっても施工ミス等から七百ヵ所におよぶ補修が必要ともいえるのではないか。もともと構造計算というのは、かなりの余裕をもって計算し建物をつくることを前提としているが、はたして七百ヵ所におよぶ欠損部分があった場合に、これが余裕の範囲内であるかどうかは定かではない。私は、欠損部を調査し補修する作業は建物の余裕を取り戻すための作業のひとつではないかと考えている。

このままでいいのか補強工事

既存建物がリファインできるかできないかは、多面的に判断することにしているが、判断材料のひとつにその建物のコンクリートの強度がある。建物の壁などからコンクリートのコアを抜いて圧縮試験を行い、一三五キロ以上（平均値）であれば設計を進めることになるが、一三五キロすれすれのものもあれば、三二〇キロというかなり大きな強度が出てくる場合もある。そこには、約二〇〇キロもの差がある。極端な例で恐縮ではあるが、わかりやすくするための説明と思って読んでいただきたい。豆腐に似て崩れそうな弱いコンクリートの中に補強を入れるのか、コンニャクの中に補強を入れるのか、またはレンガの中に補強を入れるのかということで補強方法は多様にあり、コンクリート強度に応じた補強方法が有効に働くのではないかと思うようになった。現在一般的に行われている補強方法は、かなり一元的な方法ではないかと思われ、いささか危惧される。今後の大きな研究課題となるのではないかと考えている。

さて、私の事務所で進めている耐震補強の手法の一例であるが、不要な部分の腰壁、間仕切り壁、パラペットなどを解体し減量することによって、一〇―二〇パーセントの軽量化ができる。これにより旧耐震基準の建物であってもかなり安全側に近づいてくる。そこで、建物全体のバランスを見ながら、解体と補強を試みる。必然的にリファイン後に利用される建物の機能そのものの平面計画についても検討しながらの作業となる。つまり、解体、補強、平面計画とが一体となっての作業となる。部分的には、旧基準の建物は、帯筋が絶対的に不足している。それを補う必要が出てくる。また、X型のブレースは、建物の不動産としての価値が下がるため、初期のころは、ブレースの補強をやってきたが、この数年間は、なるべくこの補強はやめている。私の事例集などを参照していただきたい。建物のバランスについては、阪神・淡路大震災の検証から建物の変形は致命的な破壊に大きく影響することから、壁の配置を調整しバランスをよくすることは地味な作業ではあるが、きわめて有効ではないかと考えている。そういう意味では廃校になった学校などのコンバージョンは非常にやりやすいのではないかと考えている。

コンクリート造の長寿命化に向かって

私が約十八年間にわたりリファイン建築を進めてきたものは、一九八一年以前の旧耐震基準によるものがほとんどである。その建物の仕上げを剥がした段階でコンクリートの軀体や鉄骨造の軀体を調査すると、さまざまなことが読み取れる。ひとつは、建設した時代の空気というか、気配を感じる。建てたクライアントの思い、図面から伝わる設計者の意図。逆に何も考えていなかったと受け取れる建物もある。そして施工した工事会社や職人の技術レベルである。年代、地域、建物によってずいぶんと様子が変わっている。コンクリートの強度がすばらしくいい地域、また反対にコンクリート強度が絶対的に不足している地域もある。公共の建築と民間では伝わってくる建築主の考えがかなり違ってくる。公共建築の場合であれば、その仕事に携わった役所の姿勢、当時の役所内の設計手法や工事監理のレベルが読み取れるが、市町村間にはかなりの技術の力量の差がある。民間では、施主の切実なる思いが伝わる。

良質の建物である場合には、施主、設計者、工事現場監督の様子が手に取るように見えてくる。すみずみまでていねいな仕事の意図が伝わってくる。たとえば、鉄筋の結束の仕方ひとつ、コンクリートの打ち継ぎ部分の処理、仮枠と鉄筋のスペースの取り方など、ていねいに行われた仕事とそうでない仕事の差が歴然としてくる。左官の技術がすばらしくよく芸術品に見えるものもあり、長押などの細部の納まりに手がけた大工の腕にほれぼれとした瞬間もある。そのようなことを目にし建物を通じて、その建物が私に何かを物語り、どうにかしてほしいと訴えてくる。建物の望ましい再生スタイルを提案したい。その建物の工事をした人々が、もう一度現場に帰り再生建築にチャレンジしてみてはどうであろうか。職人的な技術を叩き込まれた私と同世代の人々が建築の長寿命化に力を発揮できるのではないだろうか。再生建築は当時の技術を記憶している人々が携わることにより、より長寿命化の建築が可能になるのではないかと思われる。そのことが百年単位でコンクリート建築を考えることができる最善の方法ではないかと考えている。

誰が安全を証明するのか

建物をつくるときには、特定行政庁または、最近イーホームズやＥＲＩなどで有名になった確認検査機関に確認申請書を提出する。そして設計内容が建築基準法の規定に適合するかを建築主事が審査する。これには設計書、構造計算書などの設計図書を提出し、その審査を受けて確認済証が交付される。つまり確認が下りたと呼ぶ。そして着工となるが、通常の場合、その建物を設計した建築事務所が工事監理を行いながら工事が進められていく。中間検査が必要な場合には、建築主事に検査申請書を提出し、検査を受ける。また、平成十二年四月から「住宅の品質確保の促進等に関する法律」、いわゆる品確法が施行された。

これは、一．住宅性能表示制度、二．住宅に係わる紛争処理体制、三．瑕疵担保責任の特例の三つの柱から成り、とくに、住宅性能表示制度は、集合住宅の品質を説明する際に有効であると見受けられる。この性能表示を得るためには、中間検査が必要条件となり、最終の消費者の安心を得られるように定められている。中間検査済証が交付され、工事が進行し、完了検査となる。この完了検査も建築主事が行い、法の規定に適合していれば検査済証の交付となる。

暴くようで恐縮ではあるが、現在、建築主事もしくは確認検査機関の建築監視員と呼ばれる人が、構造計算書を綿密にチェックできる知識をもっているかは、はなはだ疑問である。たぶん、われわれ団塊の世代は、ある意味では建築のイロハを体験を通じて叩き込まれた終盤の世代で、四十代前半より若い世代は、現場で叩き込まれるような教育はなかなか経験できていないのである。つまり、他の誰かがやるということを前提に建築確認制度の仕組みが成り立っている。別の言い方をすれば、建築に携わる個々の組織がそれぞれで責任を果たしていることを前提に、確認申請や検査が行われる。したがって細かく審査し検査されないのが実態であり、建築技術者の能力の不足や検査機関の資質の欠落も必然的にあらわに出てくる。今回の耐震偽装の問題はこのことを明らかにした大きな事件ではあるが、これは、モラルの問題もさることながら、たとえば、医療の診療報酬や不動産の手数料などに比べ、建築の設計料および監理料というものは、明確な基準がなく施主との話し合いでケースバイケースで決められることがひとつの原因ではないかと思われる。設計者側からみれば、そのことによる猛烈な経営不安から、受注のためにダンピングをしてまで仕事を得たいという現実とあいまって、みなが損をした耐震偽装に発展していったのではないかと思う。では、誰がこのような不安を取り除けるのであろうか。それは、建築業界のわれわれがみずからによってしかなしうることではないのではないか。

私の仕事は七割がリファイン建築という再生建築の仕事である。仕上げを取り、過去に施工された躯体工事の品質があらわになり、その建物の多くの欠陥を目にし、否応なしにきちっと補修することが再生建築の現実の業務となってくる。これが、建物のカルテをつくることにつながった。そのような小さなことの積み重ねでしか信頼を取り戻すことができないのではないかと考えている。

この数ヵ月、耐震偽装に関する書物も出版され、またいろんな技術的な解説がされている。たとえば、細野透氏による『耐震偽装——なぜ、誰も見抜けなかったのか』（日本経済新聞社）という本には、合法姉歯物件のタイプがあり、そのなかで、三つのタイプに分け説明を行っている。そのことを引用し、説明を加えたい。

・旧耐震タイプ　一九八一年の新耐震設計法以前に建設された
・新耐震タイプ　一九八一年の新耐震設計法以降に建設された

・性能設計タイプ　二〇〇〇年の性能設計法以降に建設された

専門家でない読者のために、少し用語の説明を行いたい。

新耐震基準とあるが、建物の耐用期間（現在のところ六十年と考えればいい）に数回起こりうるであろう中規模地震（震度五程度）に対しては、建物の構造材の破壊や大きな変形は起こさないことを目的としている。つまり、建物に多少のクラック（ひび割れ）が発生しても、建物は十分に使えることが基準になっている。加えて、建物の耐用期間に一回は起こりうる大規模地震（震度六以上）に対して、部分的には壊れても建物は倒壊を許さず、人命は守れることを基準にしている。旧耐震設計基準は、中規模地震のみの場合を検証すればよいとされている。ごちゃごちゃと書くと専門的になりすぎるので、このことを念頭に一般の方はご判断いただければいいのではないだろうか。

新耐震基準の大規模地震への安全は、保有水平耐力計算というものによって確かめられる。この保有水平耐力計算について少し説明を加えたい。地震によって、柱や梁などの構造部材が変形し、破壊を起こしていく。そして、建物が倒壊するときの地震に抵抗する水平方向の建物の耐力、これをその建物の保有水平耐力という。水平方向の耐力とは、地震のヨコ揺れと考えてもらえばいい。ヨコにぐらぐらと建物が揺れて、グーッと我慢して、局部的にいろんなところが壊れつつも我慢に我慢を重ね、倒れる瞬間が極限の耐力であり、これを保有水平耐力という。そして、大規模地震時に建物を倒壊させない必要な保有水平耐力は、建物の形やその建物がもつ変形能力を考慮して計算される。マスコミで大規模地震時における安全率という言葉がよく使われているが、保有水平耐力を必要保有水平耐力で除した数値を言っている。一以上となれば安全と判断され、下回れば危険と判断される。

さて、耐震診断というものがある。既存の建物の場合、建物の鉄筋やコンクリートなどに正確な資料がないことから新築と同じ計算法を適用できないため、外見の調査や限られた図面から、大規模地震において必要な耐震性能を満足しているかどうかを診断し判定する方法である。つまり、既存の建物の大地震時の耐震性能を判定するものが耐震診断であり、一次診断、二次診断、三次診断とあり、次数が高いほど精密度が高くなる。三次診断について特殊な構造方法や複雑な形をした建物に採用され、一般的な建物に対しては適用されない。建物は通常、鉛直の力である建物自体の重さと、使用に際して建物に積載する荷重の二つの荷重と、水平の力である地震力を加えて構造計算を行うが、一次診断は、低層の建物や比較的柱、壁の多い建物（一般的に、壁が多いとは壁式コンクリート造を示す）にフィットする簡略的な診断方法である。柱や壁が負担する水平力への抵抗＝剪断力と呼ばれる力の大きさを診断し、安全を確認するものである。二次診断は、読者のみなさんにもっとも関係の深い方法であると思う。柱や壁の鉄筋量から、柱、壁の剪断力と曲げの強度を考慮しながら診断をする手法である。この方法が、中層のビルでは一般的に採用され、計算の結果、建物の耐震性能の大きさを表す指標ＩＳ値（構造耐震指標）が得られ、安全か安全でないかを診断する。安全の判断は、ＩＳＯ値（構造耐震判定指標）との比較によって行うが、一般的には、ＩＳ値が〇・六以上であれば、安全と判断される。これは、過去の地震（十勝沖および宮城県沖の地震）の分析結果から、〇・六以上の建物が比較的小さな損壊でとどまったことから、判断基準となっている。

第二、第三の姉歯はいるか

前記の書によると、性能設計法（限界耐力計算法）を用いた建物は、ある意味では法の抜け穴を突きながら合法的にやろうと述べられているが、同感である。私が進めているリファイン建築は、既存建物の仕上げの部分を一度剥ぎ、躯体がモロに見える状態から、補修し補強する方法であるが、多くの建物に施工不良や欠損部分が発見される。それをひとつひとつ確実に補修し補強しているが、問題を感じているのは、構造計算とコンピュータの問題である。コンピュータに入力されたデータはそのままの形で計算され、施工される。入力時に正しい判断と余裕をもって入力しなければ、この時点での間違いは誤った計算結果になる。

構造計算にコンピュータが導入される前はどうだったであろうか。社会人になってしばらくの間（一九八一年の新耐震移行期から約十年間）は、電卓と鉛筆という手計算による構造計算を行ってきた。つまり、数量の拾いから計算が終わるまで、幾度となく計算をする者がチェックをする機会があった。このころは、安全側に切り上げるという作業を繰り返しながら、構造計算を行ってきた。その結果、余裕をもった計算となってくる。そのことが、建物に余力をもたせたのではないか。技術者の矜持として、安全なものをつくろうという知恵が働いていた。もちろん、地震のたびに問題点が見つかり、そのたびに法が改正され、そして技術の進化もあったが、人間が知恵と知識を働かせながらひとつひとつ段階をのぼるという作業は、コンピュータにより入力時の一度で終わるブラックボックスになってしまった。

コンピュータによる構造計算が常識化してきた今日、安全への思いはどこかへ消えた。つまり、入力した数値が適法であればよし、ということになっている。そこには、思いは薄い。ボタンひとつで結論が出る世界である。意図によるものかは別として、やはり第二、第三の姉歯が出現しても不思議ではないのではないかと感じている。各計算の段階で、いろいろな判断が必要とされる。そのとき、安全を基準にするのはごくあたりまえであり、いかに余裕をもつかが重要であることはいうまでもない。検査機関も同様である。検査機関等を立て直すのは容易なことではないと思うが、誇りとプライドをもった人材を育成していかなければ、このようなことは終わらないのではないかと考えている。私は、これらのことを総合的に判断するシステムを構築しないかぎり、この耐震偽装をクリアする方法は解決できないのではないかと考えている。すべてがうまくいく方法は見つからないが、既存建物の補強工事の品質に関する説明責任は、私の事務所がやっている現場監理のチェックシートによってクリアできると考えている。ただ、姉歯氏は、通常、われわれが業務のなかでおかす過失とは違って、確信犯であり、犯罪者である。まじめに仕事を遂行しながらもミスをおかすこととは根本的に違っている。われわれがこの問題と向かい合うときにもう一度考えなければならないのではないかと思っている。

責任感はあるか

山岡淳一郎氏による『マンション崩壊――あなたの街が廃墟になる日』（日経ＢＰ社）に、東京近郊でつくられたニュータウンの計画から現在までの様子が克明に書かれている。この本を読み思ったことだが、廃墟を生み出した原因に「誰かがやるだろう。やってくれるだろう」という発想ではなかっただろうか。建築というものは設計から完成まで、多くの人の手を借りてできあがるが、その過程ではそれぞれの場において責任をもった仕事が前提である。耐震偽装事件でも同じことではないかと思うが、この書の巨大な都市の結末は、プロジェクトの前提であった各セクションの仕事に対する責任を裏切った結果と考えればいいのではないかと思っている。いまの若い者がというと私もずいぶんと歳をとったような感じになるが、私も若いときに失敗したことが幾度とある。その責任をとることを先輩諸氏から教育されてきた。リファイン建築を通じて感じるのは、そのような責任の果たし方をした建物とそうでない建物が歴然とある事実である。責任への処し方は、次第に歴史が証明することになるのであろうが、住んでいる人はたまらない（自分のことも含めて）。私は現場で、事務所のスタッフから「これでいいでしょうか」とたびたび質問される。答えは、自分の家であるとか、自分の親の家である場合に、自分がいいと考えられればよしとしろ、悪いと思えば、現場で汗水垂らす職人さんには多少言いにくいが、やり直すのがわれわれの仕事である、と教えている。施工中やできあがったものにＮＯというのは大変勇気のいることで、嫌な思いもするが、その場その場できちっとした判断をしなければ問題は大きくなるばかりである。

実作について　ＩＰＳＥ都立大学

東京のディベロッパー、株式会社Ｍから電話をいただいた。「東横線の都立大の近くに賃貸マンションを持っている。リファインできるかどうか一度見てほしい」という依頼であった。数日後、現地に案内を受け行ってみると、北側は目黒区立中根小学校に面し、正面には緑道があり、桜が植えられていた。たぶん、花咲くシーズンにはずいぶんときれいに咲き、お花見ができるだろうと想像された。それに反し、建物にはネットがかけられ、タイルがはがれ落ちるのを防いでおり、その姿が痛々しかった。

お話では、昭和四十三年に建設され、築後三十六年を経過し、当時の建築確認通知書によれば地下一階地上五階、敷地面積が三四九・九八平方メートル、建築面積二三八・七四平方メートル、延床面積一五三九・三五平方メートルの規模である。当時は、都市計画の制限がなく、容積率が四五三パーセントである。住戸数は三十戸、駐車場五台であった。建設後に、この周辺は第一種低層住居専用地域に指定されたことから、現在の、絶対高さ一〇メートル、容積率一五〇パーセントの制限にあり、容積率、日影規制、高さ規制とも不適格な建築である。六層建てがおよそ三層の建物になってしまう制限である。解体して建て替えると収益性は見込めないことから、いまの規模で、リファインし安定した収益をはかりたいというのがクライアントの希望であった。まず、目黒区役所の建築指導課におもむき、リファイン建築の主旨を述べ、この手法の場合にどのような法的な制約があるかをうかがった。用途の変更がなく、増築もなければ、建築確認を申請する必要がない、また耐震補強するのであれば都市全体にとってもいいことなのでどうぞやってください、という結論であった。あとあと問題が起きないように、とくに集団規定に関するチェックは綿密に行い、設計を進めていった。建築基準法上の問題とは別に、事業として収支計画が成り立つことが大きな問題であり、平面計画、外装のデザイン、どこを解体し耐震補強をどのように行うか、また駐車場の確保、維持管理上の問題（給排水など、その点検に関すること）などを総合的に調整しながらの作業となってくる。工事費概算の把握などは、東京での初仕事であったので、試行錯誤を繰り返した。そのなかで、リファイン建築がいままでに進めてきた、できるだけ解体部分を多くして建物の自重を軽くし耐震補強量を減らす方法が、じつは有効ではないことが判明した。そこでなるべく既存の軀体を生かし利用する方向で平面計画を練り直した。どのくらい解体量が減少したかを記録したいと考えたが、残念ながら時間的な制約もあり、われわれの事務所の力だけでは十分な把握はできなかった。そこで、東京大学清家研究室および首都大学東京角田研究室の協力を得て、解体調査を実施しCO_2発生量の測定を行った。いままでのリファイン建築では、相当な解体工事を施し既存建物の規模に近い増築工事を行っていたことから、CO_2発生量は新築工事と同程度に達し、環境にやさしいリファイン建築の特性を評価する項目とはなりにくかった。本計画では増築がないので、新築との比較が明確に行えた。既存建物をすべて解体し同規模

撮影・イメージグラム（左ページ2点も）

IPSE都立大学

2005年竣工（東京都目黒区）。
上・リファイン後の外観。
下・既存（1968年竣工）外観。
左・既存内観（上）とエントランス（下）。
左ページ・リファイン後の内観（上）
およびエントランス（下）。

の建物を新築する場合に比べて、廃棄物排出量（体積）は四四パーセント、CO_2排出量は一七パーセント（約六分の一）となり、環境面での評価としていい結果が得られた。この研究をよりいっそう深めるためには、大学などとの協働が必要だと考えている。反面、解体量を減らしたことから軽量化できなかったぶん、耐震補強の工事は増えることになる。そこで、一階部分に十分な耐力壁を配置し、耐力があることを認識できるような平面計画とし、上階では柱と壁にスリットをとり、部材強度以上の力を負担しないように処置し、バランスのよい構造体にするように心がけた。外壁は、倉庫などの屋根材として通常使われる折板と呼ばれる材料を使用し、耐久性を増し長く建物が使われることを心がけ、さらにデザイン面でも魅力的になるように検討を重ねた。ベランダには空調機の室外機を置くので、通風に配慮し孔空きの折板を試みた。

それは、夜間には光が漏れ思いがけない効果を生むことが、完成後に判明した。平面プランは、既存の2DKを一新しほとんどワンルームとし、未来へわたってもあきずに使えるような計画とした。完成後、即刻満室となり、現在では、部屋と同じ数の空き室を待つ人がおり、いわば行列のできる賃貸マンションとなっている。紆余曲折はあったが、都内での第一号は成功したといっていい。この株式会社Mからは引き続き仕事をいただき、現在ふたつの建物を実施設計中である。

また大分では、店舗付き賃貸住戸二十一戸の十戸で生活しながら耐震補強工事を行ったリファイン建築を昨年四月に完成した。大変な苦労があったが、無事終えることができた。この経験から、今後社会的な問題となるであろう分譲マンションのリファインに不可欠な「居ながら施工」の目処がつ

撮影・小野洋之（下左も）

日田農機ビル

2005年竣工(大分県大分市)。
上・リファイン後の外観。
右・既存(1972年竣工)外観。
下左・リファイン後の内観。
下右・既存内観（右)。

いたと考えている。

旧公団などが分譲を行った集合住宅に着手する技術的レベルは整った。ただ残念ながら、仕事はいっこうに来ない。

重層都市は日本に可能か

先日、中部地方の人口四十三万の都市を訪れる機会に恵まれた。夕刻にその町を訪れ、帰宅する人々に混じって中心部の商店街から裏道まで散策し、ありふれた日本の地方都市を眺めた。その町は、駅前は立派に再開発された空間に変貌し、架けられた新しいペデストリアンデッキは、他の地区のモデルとして視察も多く訪れたと聞いた。そのペデストリアンデッキを背に歩き、数百メートル離れて振り返ってみると、駅前はまるで整形手術をされたかのように、何か不釣り合いなものに見えた。この都市の輝かしい経済活動のころにつくられたであろう昭和四十年代から五十年代の建物が、現在もそのままで町の骨格を形成している。この町は、昭和五十年代に時間が止まったメインストリートと整形手術が施された駅舎と駅前とのあいだで、都市の時間が分断されている。痛々しい傷口に触ったような思いがした。このような都市を再生させる手法は何であろうか。その都市に住む人々が愛着や歴史観を共有することを、もう一度発見し、歴史を少しずつ積み重ねようという作業をしなければ、いつまでたってもこの都市は整形手術のままで終わるような気がしてならない。

私が福岡県八女市で二つの建物（八四―八六ページ）をリファインし、さらに三つ目の建物（八七ページ）を提案したのはこのような思いからである。民家や商家と呼ばれる二、三階建ての建築には、すばらしいものを持ちながらも、それらと何の文脈もないコンクリート造に建て替えてきたわれわれが、もう一度、歴史性を取り戻すために貢献するには、歴史を継承するリファインという手法を使えば、都市を構築できると思ったからである。そのようなことを積み重ねれば、建築にも都市にもおのずと愛情が湧き、地方都市も誇りを回復できると考えたからである。

今年五月に入り、「日経アーキテクチュア」「建築知識」などに、今回の事件を踏まえた建築基準法等の改正案に対するアンケート調査や各界の人々のコメントが発表されている。実際に設計をやっている私は、よりよい建築をつくるために法の枠組みの範囲で創意工夫し模索し続けるしかなく、いままでもそのようにやってきた。再発防止に向けいろいろな方策が考えられるが、なかでもピアチェックはかなり有効な手段ではないかと思われる。違った視点から構造を考えることは、非常に重要なことであるし、そこから新しい耐震補強の方法などが開発される可能性もある。たぶんピアチェックは、私の脳みそを刺激してくれるのではないかとも考えている。反面、法によって新たな制約が付加されることは、規制を緩和し自由な競争から社会の活力を生み出そうとする時代の流れから、また、自由な発想を尊重するわれわれの職能からも、逆行になるのではないかとも思っている。もう少し時間をかけ、根本的な議論を積み重ね、建築物の安全について社会の信頼を回復し獲得することを強く意識

撮影・松岡満男（左ページも）

八女市多世代交流館

2001年竣工（福岡県八女市）。

上・リファイン後の外観。下・既存（1973年竣工）外観（いずれも北側）。

左ページ・北側正面、増築部分につくられた多目的ホール。

撮影・松岡満男（下右も）

福島中学校屋内運動場

2004年竣工（福岡県八女市）。
上・リファイン後の外観。
左・既存（1961年竣工）外観。
下・リファイン後の内観。
下左・既存内観。

八女市町村会館

上・リファイン後の外観イメージ。下・既存(1973年竣工)外観。

する必要があると考えている。かつて私は、他の世界に比べ建築界はあまりにも進歩がないと訴えてきたが、今回の事件は、進化し進歩するチャンスになると考えている。それを、自分自身のなかで見つめ直したいと思った。また、人の問題である。大学も社会人も建築教育を真剣に見直さなければ取り返しのつかない時代になっているのではないかと考える。

記憶をつなげる耐震改修のデザイン

竹内昌義

一連の耐震強度偽装事件が報道されたときに、これをきっかけに、リノベーションではなく、駄目な建物は積極的に建て直そうという建て替えのみが大きくクローズアップされるような気がした。一般的に耐震強度のない建物は、耐震強度の復旧がむずかしいように思われがちだからである。

その点で、耐震のための建て替えが進むと、いいことばかりではない。十分な強度で建て替えられたとしても、街並みがひどくなってしまうのだ。震災後の神戸を見れば、一目瞭然である。歴史のある佇まいや生け垣で囲まれた低層の住宅地が付け焼き刃で再開発されたため、細分化され、サイディングで囲まれたどれも同じようなデザイン（小さな差異はあるが、どれも同じ印象を受ける）のハウスメーカーや建売りの住宅群にとって代わられてしまった。耐震性能を確保しなくてはいけないのは理解できるが、その合理だけで、すべてを考える単純さはなんとも悲しい。時間や歴史、人々の思いが積み重なった記憶や思いも重要な価値のはずだ。それが定量化できないからといって、すべて失ってしまってよいのだろうか。たしかに神戸は実際に被災し、そこから現在の生活へ復帰するための、緊急性があったにちがいない。でも、ふたたび建てられた耐震性能がある新しい街は、本来街がもつべき魅力が大いに欠けている。

最近は単純に新しいだけではない、歴史的な建物やただ古い建物をていねいに改修（リノベーション）や用途転用（コンバージョン）して使っていくことに、社会全体の興味が出てきたところだけに、この耐震性という合理とどう向き合うか、それ以外の選択肢をどうとるのか。デザインを実際に行う立場にいると、いろいろ考えさせられる。ここでは具体的な例を通して紹介しよう。

いずれにしても、ただ建て替えればよい、ただ保存すればよいという問題ではない。そこをただ単純に割り切るのではなく、建て替えるのか、あるいは建て替えないで他の方法をさぐるのか。あるいは古ければどう新しくしていくのか。あるいは古さをそのまま残すか。またどう使うのか。何であれていねいな思考が必要だし、そういうプロセスを踏むことが重要だ。ここであげるふたつの例は、それぞれ耐震性能が不足していた建物の改修の事例であるが、建物を壊して、新築する可能性がないわけではなかった。それでもなお、手間暇がかかる改築、リノベーションを選んだのである。それぞれのケースはそれぞれの個別の理由がある。それはただの個々の事情というだけではなく、リノベーションを考えるときには、ある一般性をもちうる話だと思う。

構造補強に対する誤解

さて、一般的に耐震補強というと、X字型のブレースが組み込まれた鉄骨のフレームが、建物の表面に無神経に付けられている印象がある。たしかに、独立した柱の間の水平応力に対して、作用しなければいけないのだろうが、本当にそこまで必要なのか、もっと単純にきれいにいかないのか、という過剰な印象を受ける。一方、そのビルがその耐震補強以前はそこまで脆弱だったのかと疑ってしまう。

どうやらそういうものの多くはやはり過剰なようなのだ。厳密に計算すれば、そこまで大きな仕掛けはいらないし、もっと繊細にできる。しかし、全国にある多くの耐震性能が足りていない建物をひとつずつ、ていねいに個別対応するわけにはいかない。そこである程度、概算化しどこにでも当てはまるようにしたものらしい。

デザインする立場からいうと、この大掛かりな仕掛けのせいで、耐震補強のイメージは相当悪い。こんなにするのだったら、いっそ建て替えてもよいのではないかとすら思えるような代物だ。骨折した患部を補強するギプスのようなものに思える。今回の事例を進めていくうえでは、いろいろな案が検討され、そこに多くの可能性があった。たんに構造的によいというものだけではなく、デザインをともに考えることで改修の可能性は大きく広がるのではないだろうか。

私は一般的なデザイナーであってリノベーションの専門家ではない。設計の仕事の割合のなかでも、新築の設計が圧倒的である。でも一方で、単純に「新しく建てることがよい」とも思えない。デザインの目的は、いろいろな問題の発見やそれらの解決が目的である。その際、建物を新築するということは、その選択肢のひとつであって、その前提ではない。たとえば、既存の敷地に建物があるなら、それを使って何かできないかと考えるのが当然のことだ。そういう検討をすること自体興味深いし、そこからプロジェクトの方向が決まることすらある。

縮小する日本という現代的な社会状況をみても、建物それ自体の床面積が余っている状態にある。そしてこれから私たちの社会全体はどんどん小さくなっていく。ストックとしての床が十分にあるなかで、さらに環境的な負荷をかけてまで、床を増やすことはあまり得策とは思えない。建築の環境的な負荷は、既存のものの解体後の産業廃棄物に始まり、各種材料の運搬、新築の建設コストなど含めるときわめて膨大である。

とはいえ、わかっていても新築に憧れがあるのは、文化的な背景もあるように思う。「女房とタタミは新しければ、新しいほどよい」などという江戸っ子の言葉に代表されるように、防火性能がない木造の文化では、いつ何時火事ですっかり燃えてしまうかもしれないという前提で生活せざるをえなかった。そのなかで、つねに新築がよいということに慣らされてきた。文化的な背景のどこかで、新築に対して、無意識に肯定的なのではないだろうか。

以前、みかんぐみの仕事で東京日仏学院の改修工事をした。その竣工検査に立ち会ったときに、改修に対して無意識にもっている気楽さ、安易さを思い知らされた。日仏学院は坂倉準三設計の一九五一年竣工の建物である。それをフランス人はていねいに使い、何度も改修工事で対応している。その何度目かの改修工事の竣工検査のことである。それは一回検査が終了したあとの、補修が済んだ二度目の検査だった。チェックされる内容、細かさといい、緻密で執拗である。そのとき、設計者ではあったが、「改修だから、そこまではできないのではないか」と無意識に思っている自分に気がついた。「改修だからいい加減でもいい」というふうに思っていたわけではないにしても、どこかそこに甘さのつけいる隙がある。じつはそれこそが日本で、改築、リノベーションが新築よりも、軽く考えられる原因なのではないか。だから、改築が新築を越えられない。ヨーロッパでは改築があたりまえ、そこで、新築と改築の仕上げのチェックの程度はまったく変わらない。改築で新築並みの精度が求められる。そこに違いがあると、改修したものがよいものとして残っていかないのを肌で知っているという気がした。

もうひとつのエピソード。日仏学院の窓のサッシは、いまだに木製サッシである。一昔前は一般的だったが、木がアルミにとって代わられた現在では、大変めずらしい。華奢できれいだが、アルミサッシよりは気密性が劣る。開け閉てのような動作性もよくない。加えて、防火上の問題から現行法規には適合しない。当然、合理的な彼らはアルミサッシにして、気密性を確保することも検討するが、全体のもつ雰囲気、佇まいなどを考えて、最終的には、木製サッシをアルミに変えようとしない。安易に性能を求めてしまうと、その建物の持っているよさが失われると判断しているのだ。そこには単純な定量的な性能よりも、雰囲気や佇まいといった文化的な、歴史的な尺度が優先されている。ひとつの小さな話だが、歴史や文化、またものに対する私たち日本人との姿勢の違いを感じる。

建物や、そのつくられ方自体も歴史のなかでだんだんと変化してきている。むかしは何年も時間をかけ、どこにもない唯一の建物がその土地の知恵で建てられてきた。しかし、現在は工期の短縮のため、建築が効率的に建てられることが要求され、熟練工の確保のむずかしさのため、左官やペンキなどのウェットな工法にかわって、時間も短縮できるドライな工法にとって代わられている。現場での作業より、工場で効率的につくられた部品を現場で組み立てるというのが、いまの工事の傾向である。結果、多くの建物はどこで建てても同じような方法で建設され、どこに建つ建物でも、それ自体があまり変わり映えしなくなってきている。日本社会に成熟しつつあり、デザインを見る目も養われてきていることを考えると、これは物足りない。巷には、デザインの優れた中古の家具を販売するセレクトショップなどがあり、若者にも人気がある。新しさに対する欲求も一段落して、古くてもよいものはよい、新しくてもよくないものがある、ということが価値の尺度の前提になっている。本質的になにがよいのかということが重要なのだ。

実際、私たち自身も、昨年、築十年ほどの小規模な現代的なオフィスから、横浜の築七十年の建物に事務所を移した。ある会社の本社だったので、廊下はどこも同じ条件で通っていなく、まるで迷路である。しかし、高い天井とおおらかなつくりは非常に魅力的である。訪れる人たちは、「自分の大学に似ている」とか「こんなところに住みたい」とか口々に、この空間に対してコメントをしてくれる。おそらく、記憶のなかの別の体験が呼び戻されるのであろう。こういう空間の魅力は古い建物固有のものである。新しい建物がどんなにゴージャスであっても、このような人の記憶に触れるような体験はできないはずだ。

また、デザイナー助成の奨学金に応募したのがきっかけで、みかんぐみで『団地再生計画／みかんぐみのリノベーションカタログ』（みかんぐみ共著、二〇〇一年、ＩＮＡＸ出版）を出版した。テーマは集住に関することを求められていたが、大規模なプロジェクトで行われる集住の問題にはあまり興味がもてなかった。それはちょうどそのころ、実際に六本木ヒルズや汐留の開発が進められていて、その突然出現する唐突さに、大きな違和感があった。周囲とのコンテクストと切れたまったく新しい街は、いくら豪華でも映画セットのように薄っぺらだ。そこに見え隠れする費用対効果を前提にした経済が垣間見えるからだろうか。

一方、昭和四十年代ごろに建てられた四階建ての団地には、その歴史に応じて熟成された時間が流れていて、おそらく建設当初は小さかった樹木も大きくなり、緑陰をつくっていた。建物の配置は、ほぼ日照条件と敷地の大きさから、即物的に隣棟間隔が決められた結果なのだろうが、時代が下るにつれ、周辺の民間の開発が進み、まわりの街並みの密度があがるにつれ、団地内は逆に余裕のある空間になっていく。相対的には、適度に緑のある、密度の低い、よい環境になっている。本当は私的な空間は存在しないのだろうが、誰かの手によって整備された植え込みやゴミ置き場や自転車置き場に現れたちょっとした工夫や、人の手の痕跡が生活する人の営みや愛着としてそこに現れ、親密な空間になっている。芳醇な文章のように読者が勝手に、いろいろに読むことのできる非常に豊かな空間だ。でも、どうやら設備やバリアフリー化が追いつかず、全部をリセットして高密度な十階建てを越える建物が建てられると聞く。そういう計画に対し素直に「そんなことなどしなくていいのに」と思えたとき、なんとか現状を生かしたいと考え、建て替えないで状況を変化させるリノベーションの可能性を探ることにした。

この『団地再生計画』は徹底して、団地を安易に建て替えるのではない、いまある建物をそのまま使うことを前提に、個人のレベルから社会的なレベルまで、さまざまな水準で切り分けられる改修のアイデアをカタログとしてまとめた。こうすることで、「とりあえず壊して、ゼロから考える」のをまずやめることができる。そこではじめて、どうできるか考えることで、結果的にはバリエーションが広がり、逆に自由になれるのではないかと考えたのである。

別の機会にみかんぐみでは実際の団地のリノベーションを手がけたことがある。仙台市の西中田団地の改修基本計画である。ここでは、本のアイデアの実現化もさることながら、実際の団地で直面している問題点、すなわち耐震強度の確保とエレベータの新設によるバリアフリー化、世帯人数の変化による住戸の再編が主なテーマとなった。

さて、耐震強度の問題はリノベーションの可能性を狭めるのではないか、と冒頭に書いたが、実際にはそう単純ではない。この問題が顕在化したぶん、耐震強度が低いビルは、その価値がないことが明らかになった。かえって、それをきっかけにちゃんと耐震補強をして、価値自体を確保、復旧する必要がある。

建物の耐震性は安全の問題だが、実際は経済の問題でもある。経済はすなわち、不動産の問題、その価値と直結している。耐震性がある建物は適切な価格で貸借ができるが、そうでないものは安くしなくてはいけなくなる。不動産が証券化されて、流動性が高まれば、耐震性もそれを表す指標で具体的に表せるようになり、その数字が経済的な価値になるのである。

ケーススタディ1　ヴィラ嶋田改修計画

一九七六年に建てられた地下一階、地上二階鉄骨造のアパートの改修である。段差のある敷地の手前に、道路レベルに車庫を掘り、駐車場の上と奥の高くなった地盤に鉄骨で二階建てが建てられている。耐震的には、新耐震の基準以前につくられているので、設計強度が十分ではない。加えて、鉄骨工事を請け負った鉄工所の実力が測れず、施工的にも十分ではないようだった。当初はクライアントの妹夫婦の住宅とアパートとして賃貸されていたが、後にクライアントの家族も改修して住んでいた。そして、今回の改修でふたたびクライアント姉妹は引っ越し、新たに六軒のアパートにしようという改修である。

建て替え案も検討されたが、予算の問題、改築への期待、最終的に、「この建物を生かしたい」というクライアントの建物に対する思い入れが、改築を決定づけた。クライアント姉妹の先代がつくったものだったし、長い時間を過ごし、思い出深いものだったからである。今回、デザインは一新するが、建物名は完成当初の「ヴィラ嶋田」を引き継ぐこと、そしてそれを示す表札は、むかしのままのものを使うことが決まっていることからも、思い入れがうかがえる。

また、改修のキーポイントは、あとづけでいろいろ複雑になってしまっているデザインをシンプルにすることだった。南側の開口部を大きくし、公園の風景を借景とする。また、現代の生活に合わせて設備を刷新することが望まれた。そこで引き戸で閉めればすべて、それらが隠れるようなデザインとし、部屋をシンプルな状態に保てるように考えた。逆に、これら以外の部分は、極力手をつけないことととった。部屋の間取りは変わっても、南側以外の開口部を変更しなかった。つまり、改築前には和室だったところには、掃き出し窓があったり、リビングの北側には、風をぬくための横長の細い窓があったりする。新しいプランはすっかり変わっているので、予想しえないところに出窓があったり、窓があったりする。新しく住む住民には、まったく理解できないかもしれないが、クライアントにとっては以前の建物の思い出につながる仕掛けとなっている。

構造的には問題点がいくつもあった。まず、構造の鉄骨に関して、接合部の溶接の信頼性がわからないこと。また、図面から基礎が独立基礎のようにできていて、地下で連続していないことなどがわかった。

鉄骨に対しては溶接に対する検査を行い、信頼性を確保するための補修をする方法が一般的だが、目視での検査の結果、溶接の強度が足らないと判断した。そして、強度が不十分であることを前提に、接合部の補強を行った。接合部を固めるためにすべての箇所に、図（一〇一ページ上）にあるような方杖を取り付けたのである。これは、四方向、各住戸の柱の上部に出てくる。そして、これを隠してしまうのではなく、インテリアの一部として活かそうと考えている。クライアントのご子息（実際は彼

上・鉄骨接合部の補強のため、柱上部
四方向にとりつけられた方杖。
下・改修中の南側外観。撮影・川村麻純
右ページ・ヴィラ嶋田旧外観と屋内
（いずれも南側）。撮影・荒川慎一

ヴィラ嶋田改修計画

がぜひリノベーションでやろうと後押ししてくれた）がグラフィックデザイナーなので、これに関してカラーリングのデザインをコラボレーションしている。

基礎に関しては地下一階部分の基礎をやり直すとともに壁を立ち上げ、一階床をRCスラブとすることで、地震の水平力がスムーズに流れるようにした。こうすることで、ピロティのようになっていた一階部分の剛性を確保するとともに、基礎をつなぐ役割を果たしている。両方に四角いヴォリュームが出てくるが、これらはともに室内的要素が求められていたからである。この結果、改修前は保有耐力〇・三前後であったものが、現行の一・〇に近づくとともに、当初の目的が達成された。

法的には、床面積、用途が変わらないこと、外壁の半分以下の改修であることを事前に役所に相談し、確認申請の対象ではないことを確認した。

ケーススタディ2　神田Uビルの耐震改修

一九六六年に竣工したSRC造のオフィスビルである。ファサードに関しては、十年ほど前に改修が行われ、コンクリートのパネル状だったカーテンウォールが、地震に変形しない現代的なカーテンウォールに改修されている。したがって、外観は新しい印象である。神田の駅前にあり、西、北側にカーテンウォールの開口が集中し、東、南側はほとんどが鉄筋コンクリートの壁である。構造は、ファサードのラインより少し後退していて、一階で西で二・〇メートル、南は一・三メートルが内側にあり、二階から九階までのファサードがキャンチレバーで外側に出ている。構造的には、初期のSRC造で、柱の剪断方向が弱く、地震がくると水平方向にねじれてしまう。それだけではなく、現行の新耐震の基準以前につくられているので、設計強度が十分ではない。

この計画のポイントは、テナントの交代時期に合わせて改修し、ビルの資産的価値自体を高めようという点である。私たちのチームに依頼される以前に、他へも相談したとのことだが、付け焼き刃的なボックス型のフレームや、構造ラインに耐震壁をもうけるようなもので、居室の面積が狭くなったりするなど、居住環境に影響がある改修だった。それでは、かえってビル自体の価値を落とす可能性があると考えて迷っておられた。そこで耐震改修に関して、みかんぐみと金箱構造設計事務所が関わり、設備計画に関して、環境エンジニアリングが設計することで、ビルをまったく新しいビルと変わらなくすることをめざしたのである。

耐震診断をもとに、耐震強度をバランスよく補強する必要があった。二面が壁、二面が開口部というねじれが起こりやすい状況を是正するために、西、北面を構造的に固めることが望まれた。室の面積が減らないよう、極力、窓面あるいは外壁の近くに、固める要素を挿入することとした。

そこで、当初はどんな案が考えられるかのブレーンストーミングから始めた。賃貸のオフィスビルなので、床面積が減ることは望ましくない。ファサード面まで構造を持ち出して、補強する。したがって建物のデザインは、構造を負担する要素と内と外を分ける境界面のデザインに集中することとなる。

上下・ブレーンストーミングの
過程から生まれたさまざまな案を
模型にして検討。左ページ・西側
ファサードのバリエーション。
資料提供・みかんぐみ

神田Uビル耐震改修案

これらの案（一〇四―一〇五ページ）は、ブレーンストーミングの過程からできてきた案である。それぞれの場所での応力を、壁の面積の差で表現することを心がけ、さまざまな案を検討した。たとえば、壁そのものを耐震要素として扱い、窓を穿つ案。あるいは耐震要素をパネル化し力の流れをつくる案。あるいは、耐震要素のブレースを直接、あるいは間接にデザインに取り込む案等々。

いくつかの検討を進めたあと、クライアントから「せっかく改修をするのだから、新しい耐震補強を表現したい」との希望があった。そこで、より素直に構造を見えるようにし、その表面をできるだけ少ない要素とガラスで覆うこととした。最終的には、構造の表現を際立たせるため、透明ガラスのなかから「く」の字のパターンの連続が浮かび上がる。これは、奥行きのあるファサードとなり、夜間はライトアップされるように計画された。また、内部の耐震力アップのために、柱にカーボンファイバーを巻き、直下型地震などで大きな剪断力が働いても座屈しないような補強が計画された。

このプロジェクトも基本的に、過半の主要構造部を変更しない。床面積を変えないことから、確認申請の適用を受けていない。また、認定も申請しなかった。このビルの場合、建築としての性能を高めることは、不動産としての価値を高めることにほかならない。将来、不動産を証券化するような場合の客観的な性能を、私たちがつくる構造計画書で説明できればよいと考えたのである。

この規模になると、改築と新築のどちらを選択するかも、経済的にも説明がつく。新築をすれば、工事が長期にわたり、収益が上げられない期間も長期になる。耐震性もビルを賃貸する際の、評価の基準になる。単純に新しいか、古いかということはあまり、重要なファクターではない。耐震性が客

「く」の字のパターンが浮かび上がる最終案（西パース）。資料提供・みかんぐみ

ライトアップされた最終案・西パース

観的な意味をもつ。そうやって、事業の採算性を考えると、耐震性能を確保しつつデザインを考えることは、経済的にも重要なことだ。耐震性能は、現行法規をクリアするＩＰ指数〇・六（通常、設計強度が一の場合、ＩＰ指数が〇・六となる）を軽くクリアしている。だからこの物件と同じようなケースで、ファンド系のデベロッパーが古いビルを買い取り、耐震性能という付加価値で建物をバリューアップさせ、賃貸物件として貸し出すというプロジェクトが数多くあると聞く。それは耐震性能が付加価値として、合理的に認められるからである。いまや、その耐震性能は家賃を稼ぐひとつの指標でもある。この耐震性能の確保という技術の問題をクリアすることで、建物が単純に古いからだめで、新しいからよいという時代も終わってしまったといえるのである。

不可知の次元

建築と地震をめぐる覚え書き

南泰裕

2005・11・17　確実と不確実の境界線

国土交通省による、二〇〇五年十一月十七日の発表に端を発した、一連の耐震強度偽装事件を眺め渡している過程で、私が折にふれて想起したのは、その倫理性の欠如ではなく、検査機構の不十分さということでもなく、何か、デカルト的な方法的懐疑というようなことだった。

多くの人々に等しくもたらしているに違いない、この事件の特殊さの感覚は、その「腑に落ちなさ」にある。この事件は、特殊な専門性を帯びた分野であることによって、問題の所在を理解することが困難なままに終わっているかに見える。しかし本当は、この事件が結果的に描き出している問題の核心は、そうした部分にあるのではない。言い換えれば、「あまりに専門的すぎて、その是非がわからない」ということが、この事件の特徴というわけではない。問題はむしろ逆であって、そのあまりの明解さが、問題の基盤を覆い隠してしまっていることこそが問われるべきなのだ。

一言で言えば、この事件によって描き出されているのは、いわば確実さと不確実さの境界線であり、そのゆらぎである。そのことを、ここで、語ってみる。

一連の耐震強度偽装事件は、簡単に語ろうと思えば、きわめて簡単に語りきってしまうことができる。たとえばこんなふうに。

「法的に定められている建築の耐震強度が偽装されていた。設計者の倫理性の欠如が厳しく問われるべきであり、今後はその確認とチェック機能をさまざまな形で厳格化していく必要がある」

この事件の因果の円環を、簡潔に閉ざしてしまおうと思えば、総論的にはこれらの記述で十分である。あとは、その具体性をどのように整序し、システム化するべきか、といった方向に話を進めていけばよい。

この記述自体、何ひとつ間違ってはおらず、きわめて正当でプラクティカルかつ有効な指針を指し示している。事実、多くの言説が、そうした形の延長線上で語られてきている。けれどもこうした記述と指針の全体には、どこかしら、形容の困難な「腑に落ちなさ」のようなものが、どこまでも残る。何か、問題の核心を迂回したままに因果の円環が閉ざされ、回転し続けているような違和の感触が残ってしまう。

では、何が問題なのだろうか。

はじめに言い切ってしまえば、この事件が結果的に描き出しているのは、不可知の領域を読解する技法の、原理的な死角にほかならない。

「倫理性の欠如と制度の不十分さ」、というきわめて一般的で明瞭な記述に収斂されるかに見えるこの事件は、しかし、一方でほとんど理解不可能な審級に触れてしまっている。言い換えれば、確実さと不確実さの、それぞれの極遠点を同時に踏み抜いてしまっている。あまりに簡明で確実な記述の裏で、きわだって不確実な問題の琴線に触れてしまっているのだ。建築にたずさわるものは、いずれ、この確実さと不確実さの両域を叉にかけているということを、さまざまなレベルにおいて日々に痛感しているのでもあって、そのことが、この事件においては、極度に増幅された形であらわになっている。そしてまさにそうした事態が、多くの人々にもたらされているだろう「腑に落ちなさ」の感覚を、消しがたくあぶり出してくるのである。

この確実さと不確実さを、さしあたりここで、「建築と地震」というように言い換えてみる。すなわち、人為的な、計画的な、社会的な表象としての、建築の「確実さ」と、自然による、偶発的な、予測不可能なアクシデントの表象としての、地震の「不確実さ」。人智の総合としての建築と、読解不可能な脅威としての地震。

問題は、その両者が地面において、物理的に直接につながっている点にある。

耐震強度偽装事件は、だから、その「確実さと不確実さ」の極遠点が媒介なしに接続され、概念の電荷の落差によってショートしてしまう事態の陰画としてある。言い換えればそれは、不可知の次元を可知の審級に包含してしまおうとする欲望／願望の亀裂において見出されている何ものかである。

歴史を振り返れば、知の幾何学の表象として思念されてきた建築は、理念的には、「いかなる建築も可能である」という想像線をなぞりながら展開してきた、と言える。とくに、二十世紀においてはその傾向が顕著であり、二十一世紀の私たちも、その想像線の延長上にいる。しかし、そこで隠蔽／迂回／回避されてきたいくつもの亀裂が、その想像線の背後に透かし込まれているのも事実であって、その代表が、たとえば地震であったのである。

自然を飼いならし、手なずけ、支配し、あるいは受容するための技法を多彩に組み上げてきた現代の科学技術の総体をもってしても、確実な地震予知を行うことは、今のところ不可能である。それはいつどこで、どの規模でどのように起こるのか、わからない。だから地震は現時点では、「このあたりで、近い将来に、この程度の規模のものが、起こるかもしれない」というきわめて曖昧な記述においてしか、予測することができない。そしてこうした記述は、残念ながらほとんど有益な情報とはなりえない。

だから、どのように精緻に厳密に建築を思考し、構築してみたとしても、地震という極遠点からの予測不可能性が、いつもすでに建築の足もとを覆い、おびやかしている。

しかし、それればかりではなく、問題はもう少しねじれているのであって、予測不可能な地震を脅威と感じる一般了解が、建築という問題系において擬制的に収斂させられている、ということが問われてみるべきなのである。

一連の耐震強度偽装事件において、人は、予測不可能な不可知の表象としての地震に、人為の代理表象としての建築を対置させ、その制度と技術の不十分さを自ら是正するべきだという形で、この問題を収束させようとしている。けれども、それぞれの極遠点を代表する「地震と建築」は、本当は、そのように二項対立的に分節されうるものでない。それは本当は、グラデーションの両極を示しており、日常の私たちは可知と不可知の諸要素がさまざまに混じり合った、曖昧で微小なものの集合による帯域を日々、さまよっている。だから、建築の不備を問うことでこの事件の問題が解消されたように見なすことは、それ自体、虚構であると言うほかない。

考えるまでもなく、それはほとんど自明のことであって、現在のところ地震は、どのような分析と技術によっても、おそらくは天気予報の確率にはるかに及ばない確率の分布によってしか、予測することができない。だから、そのように、おぼろげにしか描出できない地震に対し、建築の不備を問うことのみで問題を終息させるのは、穴だらけの壁を、ほんの一部だけふさいで満足することでしかない。少なくとも、地震という巨大な脅威と真正面から向き合うのであれば。

人命の保護を最優先として考えてみた場合、地震に対する建築の不備は、その確率の幾重もの積算によって、極度に曖昧で不確かな方位へと発散するほかない。

まずはじめに、地震は、いつどこで、どの程度の大きさで起こるかわからない。そして仮に、地震がある時にある場所で起こったとしても、その地震によって特定の建築がどの程度まで崩壊するかわからない。また、仮にその地震によって特定の建築が崩壊したとしても、そのときにその建築内に人がいるとは限らない。さらに、そのときに人がいたとしても、建築の崩壊によって人が命を落とすとは限らない。そしてさらに、万が一、その地震によって人が命を落としたとしても、それが建築躯体の崩壊によるものとは限らない。

そのように不確かな確率の連鎖においてしか、建築と地震の因果関係を描き出せないのだとしたら、建築の耐震強度を上げることと、人命を保護することとの対応関係は、私たちが思っているほど確かなものではない。それどころか、その対応関係は、私たちが想定しているよりも、はるかに小さい可能性すらある。そこでは何だ疑わしく、何が確実であるか、という区分自体がきわめて曖昧なままに置かれており、その曖昧さを隠蔽する手段として、建築が召喚されているのである。

耐震強度偽装事件が、デカルト的な方法的懐疑といったことを要請するように見えるのは、この点にある。

事実、構造設計の専門家のあいだでも、この事件に対する解釈は多様なものとなっており、事件の対象となった物件が「不安定か安全か」「強いのか弱いのか」は、一意に確定できない状況が続いている。日本の建築における現行の構造計算法では、大きく分けて許容応力度等計算法、限界耐力計算法、特別な検証法という三つのルートがあることはよく知られているとおりである。これらの計算法のどれを選ぶかによって、出てくる数値は大きく異なってくる。また、同じ計算法を用いても、計算に際してどの計算ソフトを利用するかによっても数値は違ってくる。

実際に事件の対象となった物件においても、異なった方法による再計算の結果、耐震強度指標値が大きく異なっている例が数多く見られた。たとえば〇・三一と発表されたものが別の計算法では〇・五五だったり、逆に最初は〇・二八と発表されていたものが、再計算してみると〇・一五しかなかったりしている。耐震強度指標値は、総体的に見て、数十パーセントは簡単に変動するような、極度に不安定な指標値なのである。この指標値はだから、構造計算に際してどのような計算法や視点を取るか、という初期条件の如何によって、大きく変わりうる。その意味でそれは、客観的な数値というよりもむしろ、構造設計者の総合的な判断＝デザイン力に依っている部分がきわめて大きいのである。実際に、同じ建築物であっても、構造設計者によって異なる判断と意見が導出されることは、意匠設計者が常日頃、経験していることでもある。

この事件に対して国は、「耐震強度指標値〇・五未満は震度五強で倒壊の恐れあり」という判断基準を示し、〇・五未満の物件の解体や入居者の退去を命じている。しかし上記のことからわかるように、この〇・五という指標自体、きわめて不安定なゆらぎのなかで便宜的に設定された数値にしかすぎず、さらに言えば、仮にすべての計算法や視点によって指標値〇・五以下であると認められたとしても、震度五強で倒壊するとは限らない。実際に国の指針においても、「倒壊の恐れあり」という曖昧な記述として出されているにすぎず、その「恐れ」というものがどの程度の確率を示しているのかは不明であり、もっと言えば震度五強というものが、どの程度の地震の強さを示しているのかも、客観的で厳密な数値として定義するのはきわめて困難なのである。

こうしたことの全体によって、「何が疑わしいのか」の再吟味を要請しているように感じられるからこそ、私はこの事件全体がもたらす現象から、方法的懐疑といったことを想起したのだった。

そしてこの事件は、その先で論理学といったものを要請するようにも見える。と言うのも、私たちはこの事件を通して、不可知の現象学におけるエモーショナルでナイーブな次元を遮断し、それを乾いた命題の連鎖として了解すべきであると思うからである。

人をあまねく脅かす地震に対し、人命の保護を社会的な使命として、それに耐えうるだけの建築を追究しようとすることに、まったく間違いはない。また、法の確信犯的で重大な違反を、しかるべく罰することにも、まったく異論はない。しかし、不可知の代理表象である地震によって引き起こされるさまざまな事象を、すべて可知の領域によって解釈しうる、と見なすことには、どこか根本的な思考の欠落が感覚される。そうした思考の道筋には、ある願望にもとづいた解釈の偏差が紛れ込むからである。

誤解を恐れずに言えば、地震という不可知の極限的な事象は、「どうすることもできない天変地異」の一形態として存在している。それは不可知で了解不可能の極限形としてある限りにおいて、いわば神の概念の裏面のようにして認識されている。そうした不可知の概念を、人為の次元に組み込もうとする営為の連続が、多彩で有益な科学技術の展開を生んできた。それ自体は、きわめて重要な人類の進展だった。

問題は、そうした不可知の概念に、人為的なメタファーを意図的かつ暴力的に混入させることにある。不可知の次元に対して、倫理と社会のシステムを不用意な形で強引に重ね合わせようとするとき、そこには恣意の判断が紛れ込む。「どうすることもできない天変地異」に対し、「誰かが悪い」という因果を重ね合わせ、それによって問題が解決したかに見なす共同的なベクトルが作動してしまうからである。

情念と憶測と希望観測的な意図が先行している限り、事象の正確な把捉は、いずれ、私たちから遠ざかる。だとしたら、社会的な悲劇を生む原因を、すべて人為的な問題へとすり変えることで問題を解決しようとする思考の態度を、一度、遮断してみる必要がある。事象の全体から、倫理的、社会的、現象的な次元を切り落とし、それを乾いた論理の諸命題の総体として、吟味してみる必要があるのではないだろうか。

そのように考えてみれば、この事件の全体を論理学の問題として見立てることの妥当性が見えてくる。けれども、何よりこの事件が論理学を要請しているかに見えるのは、それが様相論理学のモデルにもっとも近接した事象としてあるからである。

様相論理学は、明瞭な命題を基礎とする古典論理学に対し、曖昧な記述を包含する、可能性としての論理を視野に入れている。つまり、様相論理学においては、たとえば「地震が起こりうる可能性がある」といった記述を取り扱うことができるようになるのである。

クリプキによって展開されてきた、可能世界意味論と呼ばれる様相論理学は、「起こりうる可能性がある」という場面や状況を考察するものである。これは古くは、ライプニッツやヴィトゲンシュタインによってもさまざまな形で考察されてきた。おそらくこれらの識者たちには、現実世界から抽象された論理学を追求する先で、ある曖昧な可能性を問うことが、逆に現実世界のリアリティに肉薄する、という手応えがあったのだろう。

ともあれ、ここでは「地震が起こりうる可能性がある」という記述に対し、私たちは建築において、いかなる態度を取るべきかがつねに問われるのだが、繰り返して言えば、ここで私たちは、倫理的・社会的な審級へと問題をすべて回収させることで、それが解決したかのような態度を遮断してみる必要がある。ここでこの問題を、不可知の表象としての地震と、可知の表象としての建築が、地面において直接につながっている、という点に絞り込んで読み直したとしたら、どうだろうか。おそらくはそこで、別の問題系が見えてくるはずである。そのことを、中越地震に則して、引き続き考えてみる。

2004・10・23　不可視の国土、という諸問題

今も記憶に新しい中越地震が起こった瞬間に、私はいずれにせよ、何らかの形で現地に行かなくてはならない、と思った。二〇〇四年十月二十三日のことだった。遠い世界の出来事のようにも見えるその震災が、阪神大震災の古い記憶の塊に重なり合ったからである。自然に囲まれた散村の、まばらに建つ民家の数々が、地震によって禍々しく切り刻まれている光景が、日々、映像で流れていた。少しずつ、寒さが忍びよろうとしていた秋の暮れだった。

十一月に入り、ボランティア作業で現地入りをし、たったひとりの村長だけが村を守る、新潟県十日町市の集落での復旧作業に加わった。崖のそばに建つ古い民家が大きくかしいでねじまがり、応急のつっかえ棒でかろうじて崩れずに建っている。村の中心に位置する神社は石塔が倒れて地面に横た

わり、石場建ての基礎が浮き上がって数十センチばかりずれている。それに合わせて、建物全体が傾き、屋根の一部が破損し、建具が平行四辺形に変形して動かなくなっていた。

新潟県のこの地方は、日本有数の豪雪地帯のひとつで、冬のさなかには三メートル以上の積雪となる場所も少なくない。だからこのあたりの民家は、伝統的に豪雪の荷重に耐えうるきわめて堅固な構造をしており、合掌造りのなかでも「さす組み構造」と呼ばれる独特の屋根の架構となっている。これは、「さす」と呼ばれる斜材をたがい違いに嚙み合わせ、その交点に棟木を載せた構造で、この屋根と太い柱・梁の貫構造により、全体で頑丈な構造体をなしている。屋根は急勾配の茅葺きで外壁は漆喰や押縁による下見板張り、積雪時に一階部分が雪に埋もれることを考慮して、深い軒や雪囲いの板などが特徴となっている例も多い。したがってこれらの民家は、平野部の他の地方の民家と較べると、がっしりと垂直方向に高く、小屋裏を含めて住居全体の気積がきわめて大きい。内部空間は梁せいが極端に大きい差し鴨居によって、柱のない広々とした空間と、繊細さの要求される建具の両立する広間が実現されている。こうした民家の多くが、棚田と森に覆われた大自然のなかに離散的に配され、離れて住まうモデルの独特の風景を創り出している。

これらの風景が、強い地震によって傷つけられ、大地の至るところに亀裂が走り、民家の数々が痛々しく倒壊していた。その傷跡は、今も見えない形でこの地域に残っている。

この地震によって多くの人々がまずはじめに感じ取ったのは、もちろん「耐震強度の不十分さ」といったことではない。そこから見えてきたのはむしろ、すべての建築の基盤をなす、国土という問題系だった。

日本有数の豪雪に繰り返し長らく耐えて存続してきた、この地方の民家は、仮に現行の建築基準法に照らし合わせるとするならば、言わば「既存過剰適格」と呼んでもいいような、十分な構造的安全性をクリアしているはずである。一軒の民家にかかる積雪荷重は、ときに数十トンのレベルにもなるので、住居の一般的な自重や荷重をはるかにしのぐ荷重に耐えうる、頑丈な構造となっているからである。だからこれらの民家は、その古さを考慮したとしても、建築それ自体として見るならば、構造的な強度の不十分さを問うことにあまり意味はない。それらは、十分すぎるほどに頑丈であったはずだからである。

それらの民家の多くが地震によって倒壊したことは、自然の凶暴な気まぐれさに遭遇してしまったというほかない側面があるのだが、もっと言えばそれらは、その配置の特性によって国土の偏差と分布を結果的に浮かび上がらせていたのである。

互いに離ればなれになった形で、自然の複雑な地形のなかに離散的に配されたこれらの民家は、場所によってはまったく無傷で、一方で完全に倒壊している物件もあった。その両者は伝統的な構法に則して建てられている限りにおいて、建築的なレベルでの構造的差異はほとんどない。それらが、一方は無傷で一方が完全崩壊しているのは、もちろん地震の分布の偏差があったからである。言い換えれば、場所場所で地震の起こり方と強さが違ったからである。これをたとえばわれわれは、「活断層の分布」というふうに言い換えているのだが、考えてみればこれは当然のことであって、私たちは

「地震と建築」という主題を扱う際に、ともすればこの自明の事態を等閑視しがちである。地震とは文字通り建築における不可視の面である地盤面下が暴れることであり、そのことをできるだけ忘却しようとすることで、これまでの建築の概念を拡張してきたという側面が、少なからずあったのである。

これはおそらく、近代における、表象としての建築の問題とも深く関わりあっている。言い換えればそれは、建築における可視と不可視の問題を裏面から照射している。

たとえば私たちは、建築の構造をイメージする際に、専門家どうしで「力の流れ」といった語り方をすることがある。何気なく使われるこの語り方は、実は、きわめて微妙な間隙を突いている。と言うのは、力という概念は可視と不可視の領域をまたぎ、ゆらぐものとして認識されているからである。

たとえば、「万有引力は、ニュートンがリンゴが落ちるのを見て発見された」という逸話があるが、このときに万有引力という力は、文字通り「発見」されたのだ、と言うことができる。力（とその流れ）自体は不可視のものであり、だからこそニュートン以前にはその存在を示すことができなかったのだが、ニュートンはそれを、「リンゴが落ちる」という可視の現象に翻訳することで擬似的に「発見」したからである。同様に、私たちは建築における力の流れを、これまでの知見と経験に則して「想像」することはできるものの、その多様で複雑な分布をつぶさに「見て、実感する」ことはできない。部分的に、可視の次元によってその力の流れを映し取ることはできても、力の実定的な関係と挙動を全部分的に把捉することは不可能である。

たとえば、私たちは経験的に、「太い柱」は力学的に強く、「細い柱」は弱い、という漠然とした視覚的な印象を共有している。同様に、「柱が多い」ほうが構造的に強く、「柱が少ない」ほうが構造的に弱い、という曖昧な「感じ」を持っている。一般的には、この経験的で単純なものの見方に、間違いはない。この場合には、視覚的な量と構造的な強度が単純に比例しているのだから。しかし、同じ柱であっても、それが鉄か木か鉄筋コンクリートかによって、強度はまったく違ってくる。また、同じ素材であっても、それが中空か無垢かによっても、変わってくる。だから、こうした視覚的な印象による構造強度の判定は、一言で言えば、正しいと同時に間違っている。それは、力という概念が可視と不可視の領域を叉にかけたものであることの、裏返しになっているからである。

このことは、建築との関連において地震を問題化する際に、よりきわだった形であらわになってくる。地震は何より、見えない力の代表であり、しかしそれこそがもっとも大きく建築を脅かす巨大な力でもあるからである。

近代の建築は、この「見えない力」の基底をなす国土／地形という問題を、それぞれに巧妙に覆い隠してきた気配がある。たとえばル・コルビュジエは、「ピロティ」という新しい建築言語を通して土地と建築を切り離し、地形における不確実で不可知の次元を問わない形式を準備した。あるいはミース・ファン・デル・ローエは、「ファンズワース邸」や「バルセロナ・パビリオン」に象徴されるように、西洋の建築言語の伝統をなす基壇（podium）によって地面をいったん初期化し、人工的な平面を創り出すことで、地形の問題を不問に付す技法を採用した。さらにはフランク・ロイド・ライトは、「プレーリー・ハウス」という地を這って水平に延びるような建築形式により、逆に地形と建築との（構造的）関係を深く問わずに済むような方法を確立した。

近代建築の巨匠たちは、それぞれに地形というものの扱いにくさをやり過ごす方法を、高度に組み上げていたのである。

近年の建築は、たとえば免震構造のように地形と建築を立体的に切り離す技法を模索する一方で、そうした地形という概念自体を組み込み、ランドスケープの視点から建築の概念を更新しようとする思考も多く見られるようになってきた。だとすれば私たちは、これまで隠蔽されようとしてきた地形という不可視の概念の全体を、いずれ再考すべき地平に辿りつきつつある、と言えるのではないだろうか。

過剰な構造を有した民家による、離散型集落が点在する地で起こった中越地震は、そのことを考えさせずにはおかなかった。だが、もちろん私たちの時代の建築は、そうした特性によってのみ語り通せるものではない。自然を失った都市において、建築は地震に対し、いかなる態度を取りうるかが一方で強く問われるのであり、その問題をきわだった形であぶり出したのが、阪神大震災だったのである。

1995・1・17　都市と居住、あるいは多様性の諸問題

真冬の寒さが沁みる一九九五年一月の夜明けに、阪神地区での大地震が起こったとき、次々と映画

のシーンのように流れてくる特異な映像を見ながら、私は世界というものの偶発性のようなものを痛識し、その信じられないような現実の光景に、「これは現実ではない」というマグリットの絵画のようなつぶやきが重ね合わされるような錯覚に陥った。

二月に入って現地を訪れ、ボランティア活動に従事しながら、異形の光景を間のあたりにして私が感覚したことは、地震というものの挙動の捉えがたさであり、その地震に連動して引き起こされた建築の崩壊状態の複雑さだった。多くの木造住宅がこの地震によって崩壊する一方で、まったく無傷の住宅も数多く残っていたのは、中越地震のときと同じである。一見、脆弱に見える木造建築でも無傷のものがあり、一方できわめて頑丈に見える鉄筋コンクリートの建築が、無惨に崩れていたりもした。地震による被害は、総じて社会的な強弱関係を映し出しているようでもあり、しかしそうとも言えない事例も多く散見された。それらの対応関係を明快に示すものはなかった。「強い建築」が残り、「弱い建築」がつぶれたというわけではなかった。

その地震はきわめて偶発的に起こり、不規則に複雑に建築を崩壊させていたのである。

今もなおその傷跡に苦しむ人たちが多く残る、この大震災が起こった瞬間に、私は、この地震についての沈黙こそが重要であるように直観した。おそらくはこれほどの地震に対して、多くの人々が動き、語り、批評し、争い、同情し、注目し、発言し、検証するといったことが多様に行われるだろう。さまざまなことが語られ、さまざまな人が登場し、多くの本が書かれ、多くの悲劇が再演され、多くの指針が整備されるだろう。しかしほぼ間違いなく、それらの声は次第に小さくなり、風化し、年を経るごとに少しずつ、忘却の海へと流されていくだろう。多くの痛みと悲劇と傷は忘れ去られ、都市の体裁がほどよく整えられ、やがて、「これは現実ではなかった」というマグリット的な言表を現実化させたような風景ができあがっていくだろう。だとすれば、この地震が刻んだ固有さを強く保蔵するために、まずはじめに沈黙を選択するべきだろう。そしてその沈黙の持続こそをめざすべきだろう。

この地震に対し、沈黙を守るべきだと思ったのは、そのように直観したからだった。それは現象というものの一般的な流れでもあって、世界の全体が日々の事態の流れのなかにある限り、それらのすべてが忘却の海へと少しずつ流れ去っていくことは、理の必然でもある。しかし、ここではその必然に抗うことが、強く求められているように痛感されたのである。

だが、こうした予測は、ときに微小に裏切られて、記憶というものの共同性の強さを、今になって感じることが多いのに驚く。神戸について語るときに、今もなお、阪神大震災の人智を超えた暴力性について語る人が、意外なほどに多いからである。

ここに、国土（あるいは風土）といった言葉が惹起させる、連綿とつらなる場所の、想像上の共有感覚を認識せずにはいられない。都市直下型地震の典型であった阪神大震災は、水道や電気といったライフラインの重要性や集合住居の所有概念の複雑さ、交通システムの脆弱さなど、都市が潜在的にかかえているさまざまな問題を一挙にあぶりだすことになった。これらの問題は同時に、大半が都市居住を営んでいる現在の私たち自身の問題でもあり、今もこれからも、ひとごとではない。だからこそ、はるか昔のこの震災が、多くの人々の記憶に今なお映り込んでもいるのだろうか。

けれども、この地震から私がここで最終的に組み上げるべきだと思うのは、その悲劇の追認ではなく、社会制度の不備でもなく、さらには建築的な耐震強度の向上とその制度化、といったことでもない。それらはそれぞれに重要であると認識したうえで、あえて、こうした地震を経由しているからこそ、建築的なデザインの諸問題こそが重要であるのだ、と言いたい。というのは、ある制度の一律性によって建築における個々のリアリティを捨象しようとするベクトルに抗えるのは、ひとり、デザインへの意志にほかならない、と確信するからである。

不可知の次元の代理表象をなす地震に対し、その処方箋として制度を補完し、整備することは、きわめて有意義である。けれどもそうした一律的な整備は、個々の建築をも一律的なものとして了解させてしまう可能性があることを、認識しておく必要がある。概念としての建築を構成する個々の建築に、ひとつとして同じものはない。かりにシステムやモデュラー・コーディネーションによって創られる互換可能な建築であっても、それが特定の場所に根ざす限り、まったく異なった建築であることに変わりはない。地震はそのことを、もっとも暴力的な形で建築に告げ知らせるのであって、その個別性と多様性へのまなざしこそが、建築と地震との関係を、意志的に組み替える契機を生むのではないだろうか。

デザインとはその建築の固有さを保証する意志の具体化であり、「すべての空間は異なっている」というリアルな認識の翻訳作業でもある。私たちはこれらの地震をめぐる現象の総体から、「予期せぬ地震が起きた。それによってこれまでの社会制度の不備や建築の脆弱さが明らかになった。だから、それらの制度をより強固に組み立て、建築の耐震強度をさらに上げるべきである」といった紋切り型の指針をそのままに受容するべきではない。しかし一方で、単純にそうした指針に対抗すればよい、というのでもない。

そのような、当たり前の言説からこぼれ落ちてゆく多様さへのまなざしを鍛えつつ、「すべての建築は異なっている」という世界の多彩さの視角から、地震を穿つべきなのではないか。耐震強度を一律に上げ、その制度を厳しく打ち立てることがもっとも有益なのではない。個々の場所と建築が異なるという認識を視角に入れたうえで、その固有性においていかなるデザインを選択し、組み上げるかが、重要なのである。厳しい基準による法規をより安全にクリアすることが、第一義的に重要なのではない。「ここにこの人たちが住む、この場所のこの建築」において、もっとも有効で有益で優れた空間は何か、と固有さに根ざして問うことの先で、その構造とデザインを統合的に編み上げることが重要なのである。その意味で、建築にとってつねに、耐震強度基準とはひとつの目安でしかない。そして、それが目安でしかない、という不十分さへの認識（あるいは不可知なものへの畏れ）こそが、一律的な基準による思考の怠慢や、「それさえクリアすれば安全である」という虚構を、断続的につき崩す基礎ともなる。

これまでの多くの地震において繰り返し問題になってきたのは、社会における集合住居、というものの立ち位置だった。地震において、人の居住がおのおのに異なる、という現実と、建築を一律的な制度のもとに画していこうとする思考の怠慢とが、集合住居においてはもっとも激しく齟齬を生み、そのことが地震を通して厳しくあらわになるからである。

それぞれの建築が異なる先で、当然のことながら、それぞれの居住も多様にして多彩であるだろう。そのそれぞれの居住の多様さが、豊かに組み上げられる空間を想像し、構想すべきである。そのような思考と態度を選択するときに、地震もまた、すべて異なる事態の一要素として、私たちの前にある。地震を軽視することはけっしてできないのだとしても、地震のみにすべての建築を一律に従属させることが望まれているわけではない。

だとしたら、不可知の次元をつぶさに読解し、乾いた論理において描き直し、〈多様の可能性〉のなかでそれを咀嚼せよ。それを、倫理の次元で語り、情感の因果に溶解させてしまうのではなく、デザインの諸問題と見立てて世界を豊かに理知的に再編集せよ。

私たちには、つねにすでにそのことが要請されているように思われる。

「耐震構造」の歴史

倉方俊輔

起点としての濃尾地震

自分が関係した建築や都市が、人びとの生活に寄与することを望まない者はいないだろう。しかし、当然のことながら、そのどこに価値があり、どのような面で人びとの生活に寄与すると考えるかは、各人の専門性とからんで、さまざまである。

伊東忠太（一八六七―一九五四）は「建築は国や時代の象徴」と考えた人物だった。「日本建築史」「東洋建築史」という学問を開始し、震災記念堂（一九三〇）、築地本願寺（一九三四）といった個性的な建築を設計した。(1)

彼が帝国大学の三年生だった秋、濃尾地震が美濃・尾張地方を襲う。一八九一年十月二十八日午前六時三十七分、岐阜県本巣郡根尾村を中心に発生したマグニチュード七・九の地震は、建物全壊十四万余、半壊八万余、死者七千二百七十三人という大きな被害をもたらした。日本の内陸部で過去に発生した最大級の地震であり、一八七九年に工部大学校（一八八六年に帝国大学工科大学に改組）造家学科が最初の卒業生を送り出してからはじめての地震による大災害だった。

この濃尾地震を受けて、日本の建築界は、いまで言うところの〈耐震強度〉を強く意識するようになる。したがって、耐震構造をめぐるストーリーは、濃尾地震から始めたい。はじめに地震の被害とそれを捉える視線を、伊東の日記から見ていこう。

「午前六時三〇分大震あり」と震災当日の日記は書き出されている[2]。濃尾地震の有感半径は八八〇キロメートルにおよび、関東地方にも影響をもたらした。翌日の辰野金吾の授業では急遽被害の様子を見学することになり、王子の工場の崩れた煙突を見に行ったと記されている。発生から一週間後の十一月四日に、伊東は同級生らと被災地に入った。大学の講師だった木子清敬に同行し、辰野金吾、曾禰達蔵、中村達太郎とも現地で合流している。建築家の関心のほどがわかる。

現地での日記からは、当時建造物のほとんどを占めていた木造家屋の被害の大きさがうかがえる。屋根がつぶれて多くの村民が圧死し、町では焼け出された人びとが余震に怯えていた。伊東は観察から地質と被害の大小を関連づけ、「震度の強弱は全く土地の性質に関係するものなり」としている。

同じ木造でも神社仏閣の倒壊は比較的少なく、「斗組は装飾の為めにはあらずして構造的なり。即はちこれは一二分位ひの傾きをゆるす仕掛けにて神社の容易に倒れぬはこれが為なり」と構造的な根拠を考察している。

もっとも観察が細かいのは、煉瓦造の建築である。熱田ではセメント会社の崩れ落ちた煙突や大破した紡績会社をスケッチし、落ちた煉瓦で工員が犠牲になったことを聞いている。工部大学校の第一回卒業生である佐立七次郎が設計した名古屋の郵便電信局は、二階の窓から上が瓦礫と化していた。

数としては多くない煉瓦造建築への注目は、濃尾地震までに建築家が守備範囲としていた領域に対応しているが、加えて煉瓦造に対する悪評が影響しているだろう。堅牢そうに見える建物がもろくも崩れ、犠牲者を増やした。人びとは新奇な構造に不信の目を向け、むしろ木造が意外に地震に強いことを認めていた。

帰京した伊東は「地震と煉瓦造家屋」と題した論考をまとめて、造家学会（現・日本建築学会）の機関誌である「建築雑誌」に発表する。(3) 生涯に多くの文章を書いた伊東が、最初に公刊誌に著した文章である。煉瓦造建築の被害を報告し、崩壊の要因として、目地モルタルが不足していること、小屋組と壁体が分離されていることなど個別に欠陥を列挙している。煉瓦造一般が弱いわけではないというのが論の主旨で、結論は次のようなものである。

「其の完全なる地震建築の如きは、蓋し一朝にして能く之を講究し尽すへきものに非ず、吾人は先づ地震の源因を詳にせさるべからず、震動の形式を審にせさるべからず、震動と地質との関係如何、建築材料と震動との関係如何（中略）我国有識なる地震学士及ひ造家学士其人に乏しからず、余は切望す、是等の諸士が今回の震災に就て精密なる調査を遂け一般人民の為め学術社会の為め速かに安全なる地震建築の研究に着手せられん事を」

建物が即物的に人びとの生活に役立てられることに対して、大学入学の当初からほとんど無関心だった伊東であるから、考察は個性に乏しく、結論も凡庸である。そのことがかえって、耐震構造の起点で建築家が抱えていた課題と自意識のありようをよく示している。

日記には「兎に角煉化造りにて無難なるもの一つもなき」と記している。煉瓦造に対してもっと厳しくてもよさそうなものだが、そうはならなかった理由は、「一般人民も煉化と云へば身振ひすると云ふ。蓋し煉化とてよく積めばか、る害なかるべきにさりとに建築学士の迷惑この上なき事なり」という日記の一文に見てとれるだろう。明治期の日本に移植された「建築学士」＝建築家が、自らを社会のなかで確固としたものにするためには、いままでと異なる新たな価値を建築に与えられることを認めさせなければならなかった。煉瓦造建築はそのひとつであり、建築家が手にしていた文明の利器だった。容易に手放すわけにはいかなかったのである。

十九世紀末の濃尾地震の時点で、地質と震度の関係が推測され、伝統建築の耐震性も気づかれていた。建築を耐震的にするためには、地震動の性質を調べ、材料がどのように応答するかを明らかにする必要があることも自覚されていた。日本の建築家は自らの存在のために、こうした課題をひとつひとつ解かなければならないが、地震は時間を待ってはくれない。耐震構造のストーリーは、その間でどうするかに関わっている。当然のことながら、何らかの「不完全さ」を抱えざるをえないのである。

「耐震構造」という言葉

先に引用した伊東の「地震と煉瓦造家屋」において「地震建築」という言葉が使われていた。「地震に強い建築」という意味であるのは文脈から明らかで、同じような用法はほかにも見られる。

たとえば、工部大学校で機械学を学んだ後にアメリカに渡り、帰国して「米国建築士」を名乗った伊藤為吉も濃尾地震の被災地に入り、十数日後には独自の改良案を編み出して、年内に『日本建築構造改良法』(一八九一)を出版した。(4)「地震建築に関する工夫方々」と題した翌年の造家学会での講演はその要約で、「建築安全鉄具」で木造建物の接合部を固め、葺土が必要ない「耐震瓦」で屋根の重さを軽くするといった自らの発明を紹介している。(5)従来の大工とは一線を画した規律ある組織として「職工軍団」の設立も提案されている。いくらいい方法があっても、現場で順守されなければ意味がない。そのためには「彼等個人の心神を教化して、彼等に自重心を起さしむるより外は無い」という目的からだった。

佐藤勇造の『地震家屋』(一八九二)は、濃尾地震後、みなはたかだか一週間ほどしか現地を見ずに改良案などを口にしているが、自分は十週間も調査にあたったと序文で豪語する。(6)家屋を地震に強くするための規定を論じ、濃尾地震で倒壊した建物と倒壊しなかった建物との違いを探り、地震動を減殺する方法や耐震材料を考察する。地震の模擬実験を行う「耐震家屋試験盤」も提案している。

伊藤為吉や佐藤勇造の提案に登場する発明品の名を見ていると、濃尾地震で一般化した言葉は「地震建築」以上に「耐震」だったのだと気づく。震災の翌年、文部省内に震災予防調査会が設立され、建築家も委員に加わった。一八九四年十月二十二日に庄内地震(酒田地震)が発生すると、震災予防調査会の委員は七百三十九人の犠牲者と数千棟の倒壊家屋を生んだ現地を視察し、すぐに復興家屋の構造指針である「木造家屋耐震構造要領」をまとめた。「耐震構造」の具体案として、農家・町屋・小学校という三種の建物の図面と仕様書も作成し、山形県知事宛に送付した。(7)

当時の木造家屋は、江戸時代の構法を踏襲していた。玉石を用いた独立基礎であり、部材を切り欠いて継手・仕口で接合し、上部の小屋組が重く、筋交いは用いられなかった。震災予防調査会は、基礎構造に土台を用い、木材の切り欠きをできるだけ避け、接合部を金物で緊結し、小屋組の重量を軽減し、筋交いなどの斜材を用いて家屋全体を一体化するよう提言した。公的機関による耐震指導の最初である。法的な強制力はなかったが、多くの建物がこれに沿ってつくられた。(8)

濃尾地震が「耐震構造」の起点であるのは、煉瓦造という輸入技術を日本的に改良しようという流れを生んだためだけでなく、明治初期からお雇い外国人らに指摘されていた在来の木造家屋の耐震性の欠如を改善する動きを本格化させたからである。荷重を軽減し、全体の剛性を上げるといった大きな方針は、伊藤為吉も佐藤勇造も、あるいは建築家である滝大吉の「耐震構造」(9)（一八九三）等その他の論も、震災予防調査会の提言と共通点が多い。そのなかで震災予防調査会が一定の役割を果たしたことは、たんに内容の良否だけでは説明ができないだろう。工場生産でない建築生産は、現場への適用が重要である。震災予防調査会の提案は行政に近いところで行われただけでなく、より漸進主義的で、具体案がわかりやすかったために現場に届いた。発明的な伊藤為吉の提案は、本人も自覚していたとおり、大工組織の改革までも要求することとなる。耐震構造においては「実効性」が重要な意味をもっている。

理論、方法、実効性

帝国大学出の「建築学士」が、耐震的な面で自己の存在を保証しようとしたとき、「方法」と「実効性」があれば、それで十分だっただろうか。ふたたび伊東の資料に登場してもらおう。さいわい、大学時代に彼が記録した受講ノートが残っていて、耐震への起点となった濃尾地震の時点での建築教育の内容がわかる。(10)

当時のカリキュラムは三年間だった。建築構造に関係するものとしては、「構造強弱論」と「穹窿架法」がある。

「構造強弱論」は一年生の授業で、土木学科教授の白石直治が担当した。横文字で記されたノート（講義は英語で行われたらしい）には、図と計算式が並ぶ。応力計算の方法が、筒状や球状の物体、ケーブル、塔状構造物、吊り構造、地盤内といったケースで説明されている。参考図書にはランキンの著書などが挙げられている。十九世紀に西欧で進展をみた図式力学の成果を反映したものであり、後の構造計算の祖にあたる。基本的な理論については明らかにされているが、扱われている形状は単純なものである。土木学科との共通課目であって、一般的な建築にはふれておらず、その後のカリキュラムにもこれを発展させたものは見あたらない。

「穹窿架法」は二年生の授業で、造家学科助教授の中村達太郎が受け持っていた。「穹窿《きゅうりゅう》」とはヴォールトの訳語である。その名のとおり、扱われているのは石造天井の構法で、ヴォールト天井のリブの配置や石材の割り付け法を解説し、実例としてカンタベリー大聖堂やハギア・ソフィア、サン・ピエトロなどを挙げている。中世以来の西洋建築における伝統的な構法を採り上げたもので、明治以降に入ってきた新たな建築の知識だが、日本の建築家が手がける種の建物に直接応用できるものではない。方法については述べられているが、なぜそうなるかという理屈にふれた記述は見られない。

ふたつの課目は対照的な性格を有している。「構造強弱論」が「理論」として、当時最新の図式力学を扱っているのに対して、「穹窿架法」はあくまで「方法」として、経験の蓄積にもとづく西洋の構法を伝えている。前者は建設全般に関係するが、それをどう建築の実地に応用するかは明らかにされず、後者は意匠と構造が交差する建築の重要部分を解説しているが、他の構造に展開する道は閉ざされている。

実際に建築を建てるときに必要な知識、たとえば壁の厚みやドームの高さといったようなことは、辰野金吾が担当した二年生の「特別家屋配置法」でもふれられたし、三年生の実地演習で学ぶこともできただろう。だが、そうした構造にどのような理論的な背景があるかは教えられなかった。ふたつの課目は建築構造に関連はしているが、当時の日本で建築家が取り組むべき建築に直結しないという点で共通している。それらが無関係のようにカリキュラムのなかに配置されていることに、濃尾地震のころの建築学のありかたが如実に現れている。

濃尾地震のころはこのように、建築構造の「理論」と「方法」の芽はあったものの、ふたつは分裂し、日本の現実とは遊離していた。その後の建築家の課題は、建設工学の理論と、新たな建築の方法を結びつけ、日本の現実に適応可能なものにすることとなるだろう。それがもし可能になれば、建築家は日本における立場をより確固たるものにできる。「理論」と「方法」を結びつけ、「実効性」を担保することは、日本の建築学の内なる課題だったといってよい。

佐野利器

そうした課題を解いて、「建築構造学」を切り開いていったのは誰か。伊東忠太より十三歳年少の佐野利器である。中学校のころは軍人志望で、造船技術で国家の役に立ちたいと考えたこともあったが、迷った末に建築学科に進路を定め、一九〇〇年に東京帝国大学に入学する。やがて「耐震構造の父」と呼ばれるにいたる過程もまた、震災と深く関わっている。(11)

佐野は後年に回想記を書いている。(12)それによれば、入学当初に抱いていた「建築」像である国家に役立つ工学であるという期待は早々に裏切られたという。

「自分は入学した時、それ迄想像していた建築学科の内容とは大変違うので実に意外であつた。建築学には何の科学的理論もないことに失望し、自分に不向な学科を選んだ事を悔み、やめようかとさえ思つた。小さい時から質実剛健というモットーで育てられ、形のよし悪しとか色彩の事等は婦女子のする事で、男子の口にすべき事ではないと思い込んでいた位だからだ」

当時の大学のカリキュラムはといえば、伊東が学んだころと大差なかった。中村達太郎が「穹窿架法」のなかで材料や構造の草分けのようなことを教え、「構造強弱論」が別にあった。地震学者の大森房吉（濃尾地震に遭遇して地震の研究を天職と定めた）が「地震学」を教えるなど、他学科の教授陣の講義が追加されていたが、建築を建てる方法に連結していないという状況は変わらなかった。十余年の間に、デザインに長けた武田五一が助教授になって学生の製図を熱心に指導し、伊東自身が建築史専攻の助教授に就任していたから、「形のよし悪しとか色彩のこと」が占める割合は、いっそう増したといえる。そんな建築学科ならばやめてしまおうかという思いを引き戻したのは、辰野金吾が授業の本筋とは無関係にふとふれた耐震構造のエピソードだった。

「一年の三学期に辰野先生はルネッサンスの講義の序論で、日本の建築界の状態を話して聞かせられた。その時、日本には欧米と異なる困つた事がある。地震が之である。明治二四年の濃尾地震では煉瓦造の建物が、がらがらやられた。そして自分は日本銀行の工事中であつたが困つた結果、ドームを低くしたり、補強をしたりしたが、煉瓦造、石造を耐震的にするにはどうしてよいか判らない。低くして鉄骨を入れてみる位で何等理論は判らない。耐震構造の研究は之から諸君のなすべき仕事の一つであると説かれた。そこで自分は建築にも自分のなすべき仕事があるのを翻然と悟つた。之から耐震構造で、国家社会に尽くそうと決心をした。そして応用力学、地震学と建築を結びつけようと思つた」

応用力学、地震学といった理論と、建築をつくる方法とを架け渡そうとしたのだという。そうした意欲は一九〇三年に提出した卒業論文でまず発揮される。当時の卒業論文は卒業設計と連動しており、設計した建築の解説が求められていた。卒業設計で佐野は「儀典場」(Ceremonial Hall)を設計した。デザインは当時流行の歴史主義的な様式で、そつなくまとめたといっていい。独特なのは卒業論文であり、内容の大半を強度計算に割いた。鉄骨煉瓦造とした全体構造を論じ、柱、梁、屋根といった各部の原理を解説している。鉄骨の断面寸法を求める計算式も現れる。平面計画でも、意匠の歴史的な意味でもなく、構造的な側面から、建築の妥当性を説明づけることに的を絞ったのである。大学で習った知識では追いつかなかったので、ニューヨーク州建築条例や土木学科の講義ノートなどを参考にした。当時のカリキュラムで齟齬のあった構造の「理論」と「方法」をここまで関連づけた論文ははじめてだった。

この卒業論文が認められ、佐野は大学院に残って構造の研究を進めながら、講師として強度計算の講義を担当した。習ったことのないことを教えるのだから、講義のノートをつくるのは大変な仕事だった。

「基礎、床、トラスの計算法等は外国の本の一般構造の項にあちこち書いてあるのを種にしたり、又土木の広井教授の橋梁の講義を聴いたのを役に立てたりした。

又理科に行つて実験物理の一、二学年の学生と一緒になりその講義をきき、殊に長岡先生のDynamics、田中館先生のElasticityを熱心に聴講した。地震学の大森さんの処には言う迄もなくよく出入して師事した。この様にして勉強しながら自分の講義のノートを作り上げた」

セメント、木材、石材、鉄材の強度実験も始めた。機械学科の試験機を借りて、操作の仕方を教わり、ほとんど自習で行った。こうした研究の成果は「建築雑誌」の連載記事「鉄骨構造強弱学」（一九〇五—〇六）を通じて公にされた。「構造強弱学」という言葉は十九世紀末のカリキュラムから引き継いでいるが、内容は建築界の現実に即している。論は土木学科出身の日比忠彦（一八七三—一九二一）が「建築雑誌」に連載した「鉄骨構造建築学」（一九〇六—一九一〇）と並んで、初期の鉄骨構造の規範となった。佐野は建築の世界で、構造の理論的研究という分野を独力で切り開いていったのである。

耐震構造を追求する動きはどうなっただろうか。一九〇四年十一月に台湾で大地震が発生する。佐野は大森房吉に随行して台湾に渡り、一ヵ月ほど調査を行った。現地の家屋の多くは煉瓦造であるため、地震の大きさの割に被害が多く、煉瓦造のもろさをあらためて思い知らされることとなった。では、どのような構造が地震国日本にふさわしいのか。一九〇六年四月にカリフォルニアで大地震が起きた。佐野は震災予防調査会のメンバーとともにシアトルに上陸し、サンフランシスコを中心に南北にわたって約一ヵ月間の調査を行う。このとき、震災と大火災の後の廃墟のなかから鉄筋コンクリート造の耐震性を発見したという佐野の回想はドラマチックである。

「実に大きな地震でシスコには大火が起つた。木造、煉瓦造、鉄骨造皆あるので頗る勉強になつた。鉄筋コンクリートは当時床の一部に使われていた程度だつた。建築全体としては鉄筋コンクリート造らしきものが一例あつたが、之が大いに鉄筋というもの、偉力を示していた。此の調査で私の耐震構造の基本的な考えがかたまつた。即ち木造には筋違を入れる。煉瓦造、石造には鉄骨を使えば大いに強化出来る。鉄筋コンクリート構造は最も強いと悟つた」

鉄筋コンクリート造を紹介した記事は明治二十年代から日本でもみられるようになるが、耐震性に言及したものはほとんどなかった。欧米における評価も地震ではなく、火事に対する強さだった。[13]佐野が目にしたのはゴールデンゲート・ブリッジ近くの公園にあった「パーク・パノラマ」という名の施設である。古代ローマの競技場のような形態で、湾曲した二層のアーケードが広場を囲む。佐野は「建築」と記しているが、屋根も床もない野外施設である。しかも、地震で無傷だったわけでなく、一部は倒壊していた。

日本に戻った佐野は、鉄筋コンクリートが耐震性に優れることを震災予防調査会や建築学会の場で強調し、大学の鉄骨構造の講義で鉄筋コンクリートについても講じた。欧米で多様な展開を見せ始めていた鉄筋コンクリートという構造に、震災に対する強度という新たな意味を与えた。最初の論拠は、たったひとつの施設だった。

鉄骨造と鉄筋コンクリート造という新構造をいちばんに知る人物として、まだ二十代の佐野には実作への協力依頼があいついだ。国技館の設計を任された辰野金吾からは直径六〇メートルの鉄骨ドームの構造を考えるように言われ、外国書の計算法を勘で編んで、一九〇九年に完成させた。中村達太郎に声をかけられた日本橋の丸善では、同級生の田辺淳吉がデザインを行い、日本で最初の純鉄骨造建築として一九一〇年に竣工した。鉄筋コンクリートでは、田辺淳吉設計の澁澤倉庫（一九〇九）に協力し、日本で最初の全鉄筋コンクリートの本格的な建築として知られる遠藤於菟の三井物産横浜支店の構造設計を行って、一九一一年に完成させた。同じころには伊東忠太設計の可睡斎護国塔の構造も担当し、アジアの様式を折衷した複雑な形状を鉄筋コンクリート造で実現させた。

家屋耐震構造論

佐野には構造の本質をつかむ直観があり、さまざまな建築家に協力して構想の実現をサポートしていった。「構造設計家」の元祖のように思えるかもしれない。しかし、佐野の本質は「構造学者」の祖である。濃尾地震後に震災予防調査会が出した「木造家屋耐震構造要領」の延長上にある。すなわち、個別の最先端の設計を行うことよりも、一般に使えるような方法で建築を改良し、理論的な裏付けを行うことが彼の目的だった。

構造計算と耐震構造をつなぎあわせる理論として、佐野は一九一四年に「家屋耐震構造論」をまとめ、翌年に建築学会で概要を報告し、一九一六年に全文を公刊した。サンフランシスコ地震の被災地でつかんだ耐震構造の基本的な考えに、その後の実験と考察の成果を加え、地震と建築との関係を捉える基礎理論を提出したのである。外国書にも見られない内容だった。濃尾地震で一般化した「耐震構造」という言葉と「理論」は、ここで出会うことになる。「耐震構造学」の誕生である。

論は「震度」概念の提唱で知られる。ここでいう「震度」は、地震の揺れの大きさを表現する「震度階」（一八八四年に考案されて以降、幾度の改訂を経て現在の「震度〇—七」にいたる）とは別種で、構造物に作用する地震力の大きさを表すものである。たとえば「水平震度〇・二の地震」といった場合には、ふだん一〇〇トンの重さ（垂直荷重）がかかる柱に、横向きに最大で二〇トンの力が加わる揺れ、ということになる。佐野は地震動の強さを、最大加速度（a）と重力の加速度（g）との比（a／g）である「震度」として捉え、地震力を構造計算に織り込めるようにした。濃尾地震における大垣の水平震度を〇・三、サンフランシスコ地震の水平震度を〇・二五と見積もり、さらに将来起こりえる地震の震度を「将来の予期震度」と名づけて、東京下町では水平震度〇・三、山の手では〇・一五といった数値を与えた。

この理論に従えば、将来の地震に備えるためには、こうした震度を荷重に掛けた水平力が部材に加わっても大丈夫なように計算しておけばいいことになる。全体を剛とする方針は木造でも、鉄骨造でも、鉄筋コンクリート造でも変わらない。震災予防調査会などによる明治期以来の木構造改良の方針も、これによって理論づけられた。水平力の計算をどうやって行うか、具体的に耐えるための方法はどうしたらよいかといった課題は残されたが、「家屋耐震構造論」は耐震設計が何をめざせばよいかを明快に示して、以後の耐震構造学の基礎となった。

実際の地震動は時間とともに変化する動的な振動である。佐野はそれを静的な水平力として処理した。こうすることで耐震計算に道を開いた。濃尾地震の際に伊東が指摘していた地震の震動の仕方や材料の挙動は、当時も不明確だったのである。各種の構造の耐震的価値を数値で比較し、判断することもここから始まる。純粋な理学でないがゆえの「不完全さ」をうまく繰り込んで、「家屋耐震構造論」は「方法」に寄与する「理論」となった。

「家屋耐震構造論」は、一九一一年から一九一四年にかけてのドイツ留学以前にその骨子ができあがっていたといわれる。建築構造を通じて国家社会に貢献するという自らの道に自信がもち始めたころである。佐野はドイツに到着してすぐに「建築家の覚悟」と題した論説を『建築雑誌』に寄稿する。(4)

論では「実質が前で名称は後である」から「西洋のアーキテクトと日本の建築家とは全く同一業でなければならぬ理由もない」と述べ、「西洋のアーキテクトは如何なる事を研究し如何なる事に力を注がふとも日本の建築家は其訳語であるが故から直に歩調を合せねばならぬ理由はない」と断じる。挑戦的な内容である。では、日本の建築家は何であるべきか。佐野はいう。

「着実なる国家現在の要求が以上の如くであり又国家現状に見て国民挙て実利を主とする要求をなすべきが至当であるとすれば日本の建築家は主として須く科学を基本とせる技術家であるべき事は明瞭である、（中略）「如何にして最も強固に最も便益ある建築物を最も廉価に作り得べきか」の問題解決が日本の建築家の主要なる職務でなければならぬ」

佐野は「建築」に対する別の見方を提示した。仮想敵とされているのは、伊東である。建築の芸術性を前面に押し出し、そうした側面から建築家が社会に貢献できるとした伊東とは対照的に、建築の実利面を強調して、実利に貢献してこそ建築家という存在が日本の社会に認知されるのだとした。「建築家」を「アーキテクト」という枠から解き放ち、「構造学者」という専門性を建築界に認知させていった。このように自らの立場を打ち立てるうえでもっとも支えになったのが、「耐震構造」だった。

戦前期の経過

佐野は近代的な構造計算を日本に導入するとともに、鉄筋コンクリートの耐震性を提唱し、一九一四年の「家屋耐震構造論」で両者を包含しながら、明治期にはバラバラに存在していた耐震の「理論」と「方法」の間に橋を架け渡した。彼が建築界に確立した「構造学者」という領域は、後進にも引き継がれていく。

四年後輩の内田祥三（一八八五―一九七二）は、当時随一の大オフィスビルである東京海上ビル（一九一八）の構造設計を担当するかたわら、鋼材腐食試験を行い、木造耐震構造の効果を測定し、鉄筋コンクリートの計算図表を発表するなど、耐震構造を現実に適用させるのに貢献した。

七年後輩の内藤多仲（一八八六―一九七〇）は、耐震性を向上させるためには建物の強度・剛性を確保すべきという佐野の理論を受け継ぎ、その具体的な方法として「耐震壁」の設置を提唱する。一九二二年の「架構建築耐震構造論」では水平力に対する応力の計算法を紹介し、鉄骨架構と鉄骨コンクリートの壁体（耐震壁）に水平荷重を分担させるのが効果的であるとした。そうした理論にもとづいて設計された日本興業銀行本店が翌年に竣工する。

「理論」と「方法」を具体的にどうつなぐかは後進に任せ、佐野が力を入れたのは「実効性」だった。

建築に関する日本で最初の統一的な法規は、一九一九年に制定された「市街地建築物法」である。建築条例の必要性を唱える声は明治中期から建築界や政府の一部にあったが、「市街地建築物法」に直接つながる流れは、一九〇六年に当時の東京市長・尾崎行雄が「東京市建築条例案」の起草を建築学会に依頼したことにさかのぼる。同年に建築学会内に東京市建築条例案起稿委員会が発足する。佐野も委員として加わり、作業に内田祥三が参加した。(15)

一九一三年に建築学会は東京市に六編全二百三十八条からなる条例案を提出した。佐野が担当した構造関係の規定には、同じ時期にまとめられた「家屋耐震構造論」の考え方が反映された。木造については土台や筋違、継手を規定し、煉瓦造についても壁の長さや厚さを定めた。震災予防調査会以来の指導方針が法制化されようとしていた。登場し始めたばかりの鉄筋コンクリート造や鉄骨造の建物についても言及しているが、具体的な規定は少ない。その代わりに、建設の際には「建築局」（条例案で東京市役所に新設するとした）の認定を受けた「建築技師」が、建築局に各部詳細図と仕様書を提出して許可を得るという手続きを定めている。建築局が必要と認めた場合には、建築技師の署名の入った「構造強弱計算書」を添付するとして、計算規定も条文に盛り込んだ。構造計算の規定は、この草案に現れる。

六年半の検討期間を経た東京市建築条例案だったが、結局、実現にいたらず、建築学会は新たに建築条例制定の働きかけを始めた。そのひとつが警視庁ルートで、佐野は学会案の作成にも加わった笠原敏郎（一八八二―一九六九）と協力し、内田らとともに東京市建築条例案の一部を修正して一九一八年に「警視庁建築取締規則案」を作る。この間の構造理論の進展を反映して、鉄筋コンクリート造・鉄骨造に関する具体的な規定が追加された。「構造強度」という言葉も現れる。明治中期からの流れを組む学会案の「構造強弱計算」から「構造強度計算」に呼び名が改められたのである。同年、内務省に都市計画調査会が発足し、都市計画法と市街地建築物法の検討が始まる。佐野は建築法案作成の特別委員のひとりとなり、警視庁建築取締規則案はこれに合流して、一九一九年の市街地建築物法の一環として実現することになる。

市街地建築物法は、同時に制定された都市計画法と一体となって、用途地域制度や建築線制度を定め、高さや空地率を規制し、防火地区や美観地区を設けるなどした。用途規制や高さ制限の内容は、一九二〇年に公布された「市街地建築物法施行令」で定められた。そこに建てられるべき具体的な建築構造は、同年公布の「市街地建築物法施行規則」のなかで規定された。「市街地建築物法」が及ぶ範囲（東京・大阪・京都・名古屋・神戸・横浜の六大都市に始まり、次第に拡大した）に限られているが、近代日本におけるはじめての本格的な構造規定となった。佐野の理論が実効性をもつかたちで展開された。構造規定は各種の構造詳細を定め、鉄骨造と鉄筋コンクリート造については計算式が規定して構造計算を義務づけ、構造計算書の添付を要求した。ただし、荷重外力は固定荷重と積載荷重という鉛直力のみで、風力、地震力は採用されなかった。耐震規定は直接的には強度計算規定ではふれられず、構造各部詳細などの構造詳細の規定に委ねられた。

一九二三年九月一日に発生した関東大震災が、耐震構造の歴史に大きなインパクトを与えたことはいうまでもない。多数の建築物が倒壊し、焼失したことで市街地建築物法施行規則改正の機運が急速に高まり、翌一九二四年に構造規定が大改正された。木造に関しては、それまで三階建てのみ義務づけられていた筋交い、方杖の設置が義務づけられた。構造計算に関しては、地震力規定が追加され、固定荷重と積載荷重という鉛直力のほかに、地震の水平力を考慮することが定められた。水平震度は材料安全率や現実性を考慮して「〇・一」とされ、欧米に先駆けて耐震計算が義務づけられた。これに対応して、建築学会は同年に「構造強度計算基準」を取りまとめ、実用的な計算法を一般に提供した。内藤多仲が構造計算を行い、耐震壁を持った日本興業銀行本店が地震に耐えたことで、以降、ラーメン構造を耐震壁で強化する方法が日本での主流となった。佐野は市街地建築物法の改正に深く関与するとともに、帝都復興院の理事兼建築局長、東京市建築局長を務めて、鉄筋コンクリートの復興小学校建設や区画整理事業に積極的に関わった。

変わりゆく東京を、伊東はどう見ていたのだろうか。「帝都復興に対する苦言」（一九三〇）で伊東は、帝都復興の成果に対しては、「自分の予期に反した点、また不満足の点などが決して少なくない」として、第一に残念なのは、東京は首都にふさわしい相貌を備え、「その形の上、その内容に、日本気分が溢れ出てゐなければならない」のに、当局は交通と耐火耐震の二点だけを考えているとした。(16) 第二には「地形の高低凹凸に順応して、道路を造るべきであるのに、それらに殆ど無頓着で、谷を埋め、山を崩し、単純な直線道路を造つたものが少なくない。これが実に無謀であると思ふ」と述べた。ここには建築が単純に芸術か科学かという認識よりも深く、建築を何だと考え、そこにどのような自己意識を投影するかという違いがある。

市街地建築物法施工規則の構造規定は、その後もたびたび改正された。一九三二年には建築学会の建議に沿った改正がなされ、構造に関してはコンクリートの調合・強度・許容応力度が定められ、鉄骨の溶接接合が可能になるなどした。翌年、建築学会は「鉄筋コンクリート構造計算基準案」をまとめて、構造計算書の標準的書式を示した。実用的な水平力に対する応力計算法、部材の断面決定のための実用計算式、実用のための簡便な図表、計算例が整備され、一般への浸透を図った。一九三四年の室戸台風では多数の木造小学校が暴風で破壊され、風圧力、耐風設計法の研究が活発化した。翌年から建築学会で市街地建築物法施工規則の改正を議論し、それに沿ったかたちで一九三七年には積載荷重（固定荷重、積載荷重、地震力）や許容応力度規定などが改正された。戦前期の市街地建築物法の変遷は、建築学会との連携が強かった。構造学者の理論を方法化し、新技術の実効性を確保するよう努めていたといえよう。

「不完全さ」と発言権

戦後、建築の「五〇年体制」が形づくられる。市街地建築物法に代わって、一九五〇年に「建築基準法」が成立し、同時に「建築士法」で建築設計の業務が定められた。また、同年の「住宅金融公庫法」は、その融資基準をもって、建築構造を誘導した。それはまた、構造学者が「理論」を成立させて、「方法」に反映し、建築士制度によってその「実効性」を担保する体制だったともいえる。「構造設計家」と「構造学者」の分離も進んだ。一九五一年、アントニン・レーモンドが設計し、ワイドリンガーが構造設計を担当したリーダーズダイジェスト東京支社の構造に対して、竹山謙三郎が疑問を呈して論争となる。一般的な安全性を保証しようとする「構造学者」と、構造を通して新たな空間に貢献しようという「構造設計家」との間の論争として位置づけられよう。

建築基準法は、その後、数度の改正を受けた。ここではその詳細には立ち入らないが、靭性の確保と、静的耐震設計から動的耐震設計の移行が大きな変化として挙げられる。

一九五〇年に制定された建築基準法では、震度は〇・二とされた。しかし、一九六八年の十勝沖地震では、壁の少ない鉄筋コンクリートラーメン構造の破壊がめだち、震度〇・二では必ずしも安全でないこと、それを補うために靭性を高める必要があるという声が高まった。設計で許容された地震力より大きな応力が建物に作用することがあるため、許容応力度設計にもとづいて強度を確保するだけでは破壊を防げないことが明らかになった。部材応力が強度に達しても一気に壊れることなく、強度を保ちながら変形する能力を持たせることの重要性が認識された。建設省を中心にＲＣ造柱の破壊実験が実施され、剪断終局強度の評価法と靭性向上法が研究された。その成果は、柱の剪断補強筋に関する規定として、一九七一年の建築基準法施工令の改正に取り入れられた。

一九六三年の建物高さ制限の撤廃などを通して、動的設計への認識が高まり、そうした経過を経て、一九八一年六月一日からいわゆる「新耐震設計法」が施行された。それ以前の耐震基準を五十数年ぶりに抜本的に改正したもので、静的設計法のなかに動的設計法を取り入れたことを特徴とする。剛性率・偏心率・層間変形角・保有水平耐力など新しい概念が導入された。一方で、それ以前より計算量が増加し、構造設計者がプログラムに依存しがちな状況を招いたという側面も指摘されている。

戦後の耐震構造の過程は、佐野の静的な理論を乗り越え、解析を精緻化したといえる。それでも、建築の構造はふたつの「不完全さ」を抱え続けている。ひとつは地震の挙動が完全にはわからず、また経済性を考慮するなかで、「安全」のボーダーをどこに引くかという問題。もうひとつは、そのボーダーが時間とともに移動することに伴う、現在の基準との不適合の問題である。

いうまでもないことだが、一〇〇パーセント安全な建築で街が埋め尽くされることはないし、人命より建築の価値が重いことはありえない。現在と異なる基準で建てられた建築を危険な製造物とみなすか、そこに空間や街並みの面白さを感じるか。あるいは記憶の価値を見いだすか。それはつまるところ、「建築」を何だと考えるかの違いである。

明治以来、日本の耐震構造に取り組んできた専門家たちの誠意は疑いえない。私益によって方針がねじ曲げられたことはなかったし、業界内の力関係がわれわれを誤った方向に導いたという証拠はない。その時代時代でベストを尽くしてきたといえる。その結果としての構造の「不完全さ」をどう見積もり、どう対処するのか。この点に関する発言権が、非専門家も含むすべての人にあることだけは間違いないだろう。

注

（1）伊東忠太の活動については以下に詳しい。鈴木博之編著『伊東忠太を知っていますか』王国社、二〇〇三年
（2）伊東忠太「浮世之旅 巻之十二之内 大地震見聞録」日本建築学会建築博物館蔵
（3）伊東忠太「地震と煉瓦造家屋」、「建築雑誌」一八九一年十一月
（4）伊藤為吉『日本建築構造改良法』共益商社、一八九一年
（5）伊藤為吉「地震建築に関する工夫片々」、「建築雑誌」一八九三年一月
（6）佐藤勇造『地震家屋』共益商社、一八九二年
（7）文部省震災予防調査会「木造家屋耐震要項」、「工学会誌」一八九五年五月。文部省震災予防調査会「山形県下農家改良構造仕様」同、一八九五年
（8）近世から近代にかけての日本の木質構造の変遷については以下に詳しい。杉山英男『地震と木造建築』丸善、一九九六年
（9）滝大吉「耐震構造」、「建築雑誌」一八九三年二月
（10）倉方俊輔「伊東忠太の建築理念と設計活動に関する研究」早稲田大学学位論文、二〇〇四年
（11）佐野利器の活動については以下に詳しい。藤森照信「佐野利器論」、鈴木博之・石山修武・伊藤毅・山岸常人編「シリーズ都市・建築・歴史」9『材料・生産の近代』東京大学出版会、二〇〇五年
（12）佐野利器「述懐」佐野博士追想録編集委員会編『佐野利器』同、一九五七年
（13）日本における鉄筋コンクリート構造の受容については以下に詳しい。藤岡洋保「日本の建築家が鉄筋コンクリート構造に見た可能性」、鈴木博之・石山修武・伊藤毅・山岸常人編「シリーズ都市・建築・歴史」9『材料・生産の近代』東京大学出版会、二〇〇五年
（14）佐野利器「建築家の覚悟」、「建築雑誌」一九一一年七月
（15）日本における建築法令の構造規定の変遷については以下に詳しい。大橋雄二『日本建築構造基準変遷史』日本建築センター、一九九三年
（16）伊東忠太「帝都復興に対する苦言」、「日本新聞」一九三〇年

「建築の強度」と「まちの強度」

まちのリノベーションへ

松原永季

阪神・淡路大震災により、六千四百三十四名もの人命が奪われた。[1] その約八割は建物の倒壊による窒息・圧死が原因であったとされる。[2] 本来、人間の安全を守るべき建物が、一瞬にして凶器へと変貌した。そして凶器は瓦礫と化し、解体除却され、茫漠たる空き地が姿を現した。やがてそこに建ち上がる建築は、私たちの命を、暮らしを、支えてくれるものとなったのか、否か?

姉歯事件で問題となった偽装マンションが、その居住者ばかりでなく周辺住民にも恐怖を与えたように、都市防災の視点で見るならば、建築の強度は「まちの強度」とでも呼びうるものと相関性をもつ。仮に、建築の耐震耐火性能の面的な広がりを「まちの強度」とするならば、これを担保としなければ、建築の強度は十分に機能しない。焼け尽くされた木造密集街区に立ち尽くす耐震耐火建築を想像してみればよい。包括的に人間の生活を支えるものの強度として、「建築の強度」は必要条件であっても、十分条件ではない。近代以降、とくに高度成長期以降の日本の都市計画の現場では、道路を通し、街区を整え、木造家屋の不燃化耐震化を図っていくことが、目標のひとつであったことは間違いないだろう。阪神・淡路大震災を経験した神戸でも事情は変わらない。いやむしろ、他の地方都市よりも明確に、その目標が達成されつつあったようにみえる。

神戸の市街地形成過程と震災

阪神・淡路大震災で大きな被害を受けた神戸市の市街地は、生田川を挟み東西で若干の差はあるものの、六甲山南麓から続く緩やかな扇状地の傾斜面に形成されている。近代的な都市整備が始まる前、明治初期には、当時の中心的港湾であり市街化が進んでいた兵庫津周辺や新たに開発された居留地、酒蔵地帯などを除き、そのほとんどは田畑が広がり、一定の間隔で集落が散在する農村風景が広がっている一帯であった。この状態から近代都市化が始まる。開港地としての経験があったからであろうか、神戸の市街化は早くから取り組まれ、耕地整理法が制定される明治三十二年（一八九九）以前から、新道開鑿事業等の手法による都市基盤の整備が地主を中心とした民間主導で実施されている。制定後もその活用により大規模な区画の整理が行われ、宅地化が一挙に進んだ。そして第一次世界大戦勃発に伴う好景気を反映して人口は急増。大正八年（一九一九）の都市計画法制定により、それにもとづく区画整理事業が実施され、市街地はさらに拡大していった。この時期に形成された都市基盤が、神戸のまちの骨格となってゆく。

神戸の近代都市化において、災害は重要な意味をもっている。最初は明治初期のペスト・コレラの伝染病、次いで昭和十三年（一九三八）の阪神大水害。大きな人的・物的被害があり、それぞれ衛生事業、治水事業の進展を促している。そして決定的だったのは、昭和二十年に二度にわたり行われた第二次世界大戦による大空襲である。重工業の拠点であったこともあり、集中的な攻撃を受け、神戸市域（当時）の三分の二が灰燼に帰した。それまでに骨格となる街区は形成されていたが、都市再生のための市街化は、戦災復興土地区画整理事業を中心に進められることになり、羅災エリアにおいて実質的には昭和三十年代半ばから展開される。[3] それは神戸の市街地面積の大半を占めている。たしかに戦災により神戸の都市整備は進んだ。しかし一方では、高度成長による人口集中に伴い、都市基盤が整備されないまま山麓エリアなどにスプロール状に市街地が広がってゆく。羅災エリアでの戦災復興区画整理による都市基盤と、それ以前の都市基盤、そして高度成長期に生まれたスプロールエリア。震災以前に建築のストックが形成された基盤には、概していえばこの三種類があり、それが阪神・淡路大震災の被害の程度に影響を与えている。

地震による影響はいずれも小さくはなかったが、火災の発生等、決定的壊滅的な被害を受けたのは、明らかに戦災以前の都市基盤の上に成立していた市街地であった。そこでは耐震・耐火性に劣る木造住宅が密集し、建て替え更新も進んでおらず、近代都市化への課題として残されていたエリアである。いわば「まちの強度」が不足していたところだった。それに比較し戦災復興区画整理の対象区域は、被害は大きかったものの、大規模な火災は免れ、壊滅的ではなかったという点で、防災上の一定の性能を確保していたといえるだろう。

震災復興の手法

この状況を受け、阪神・淡路大震災からの復興は、神戸市においては震災復興土地区画整理事業と再開発事業を二本柱の手法として実施されたが、その対象区域は、戦前の都市基盤がそのまま残されていた範囲とほぼ一致する。そして戦災復興とほぼ同じ手法が、震災復興でも用いられた。[4] 市域に順に敷き詰めていくように、都市計画事業が施行される。災害を契機に、神戸の近代的都市整備は進んでいる。そして「まちの強度」は各事業区域ごとに向上していくことになる。その手法は区画整理と再開発であり、スクラップ・アンド・ビルドが前提で、そこには補修、改善、リノベーションの視点はまったく欠落していた。この手法の対象になったのは、重点復興区域と指定されていた被災の程度が大きかった地区のわずか数パーセント程度の面積にしかすぎなかった。そして事業区域内外問わず、公費による建物の解体除却が行われた。これは被災者の負担軽減や道路交通の迅速な回復といった点に大きな意義はあったが、スクラップ・アンド・ビルドの傾向にさらに拍車をかけた。時間が制約されたなかで人々は判断を急がされ、再利用の可能性について十分な検討ができないまま、解体除却に同意することになった。そこには公費による再建支援策への期待があったことは否めない。が、その期待は裏切られることになる。その結果、ビルドなきスクラップによる空地の大量出現という震災後の初期設定を生み出してしまった。そして事業区域外の残りの大半の区域では、木造市街地密集整備事業などの任意事業地区もしくはまったく再建支援制度のない地区（いわゆる「灰・白地地域」）として、住宅等の再建は自力に委ねられ、公的施策からは放置されることになった。

震災復興まちづくりの課題

建築、とりわけ住宅が失われるということは、物質的なモノだけでなく、それに付随した記憶や社会的諸関係が失われ、あるいは変質させられることを意味する。単独でなく、集合的に失われる災害時には、その傾向はとくに強いだろう。そして多くの場合、社会的に弱い立場の者が必要とする諸関係は、福祉の場面以外では優先されない。

では阪神・淡路大震災の震災復興計画はどのような結果をもたらしたのか？

平山洋介氏は、震災後の継続的な調査にもとづく詳細なデータを分析・整理して報告している。そして「住宅復興の政策は被災者を「自助ライン」と「福祉ライン」に振り分け、両者を厳密に分割し」「低所得者と高齢者を特定の空間の中に誘導した」こと、「中間階層の安定性は弱まり、社会階層の分化が進んだ」こと、「再開発の事業区域では、低所得者、高齢者、零細な自営業者の生活再建は容易ではなく」「長期化する事業は耐久力の弱い被災者を区域外に押し出した」こと、「住宅を再建した世帯の多くは二重債務を背負い」「公営住宅に入居した高齢の被災者は孤立し」「大規模な再開発の事業環境は安定しない」などの状況を伝えている。(5)

戦災復興と、ほぼ同じ手法にもとづき実施された復興計画で、都市計画事業区域内の都市の防災機能はたしかに向上しただろう。道路は整備され、新しい建物が建設された。また、バラックによる無軌道な市街化は免れ、計画どおりに住宅の戸数は供給され、仮設住宅は震災後約五年で解消された。しかしマクロに見れば、震災後の全国的な経済動向もあったにせよ、上記のような社会状況が生みだされた。それは明らかに地域コミュニティの断絶も生みだしていた。

それでも、都市計画事業区域内はまだよかったかもしれない。多くの資金や人材を投入することができ、都市施設の整備がともあれ達成されたからだ。住民自身やコンサルタント、行政職員の懸命な努力により、新しいコミュニティが紡ぎだされたところも多い。ではそれ以外の、被災エリアの大半を占める「灰・白地地域」にはどのような状況が生まれたのか？　先に、神戸の市街地は戦災復興土地区画整理により、一定の整備がとげられていることについてふれた。それはたしかに街区を整備し、一定の防災性は保っていた。「灰・白地地域」の多くがこの範囲に含まれる。しかしこの範囲でも、街区内道路については必ずしも十分な整備は進んでおらず、老朽化した木造住宅が密集している地区も数多く残されていたのだった。そこではより複雑な状況が生まれている。

神戸の二、三十歳代の若手コンサルタントが中心となって結成された「プランナーズネットワーク神戸」では、震災後三年目の被災地、それも「灰・白地地域」を中心に生まれつつあった新たなまちの現況について、灘・東灘区の激甚被災地のすべての道を踏査し、特異な事例を記録・収集する作業を行っている。その過程で、住宅の「閉鎖化・高密重層化・細分化」、警備システム等によるパノプティックな様相、コミュニケーションを希求するかのような「コモノ」の表出などが確認された(6)。そしてそのなかで、行政施策から放置され、再建が自力建設のみに委ねられた後のまちの状況を、端的に示すような事例が発見された。

神戸において戦前あるいは戦後―高度成長期までに数多く建設された長屋形式の住宅は、当初賃貸であったものが、次第に居住者によって建物あるいは土地が購入されるようになる傾向がある。そこでは形態としては一体性を保ちつつも、所有の境界が生じる。そして、その所有の範囲において徐々に建物は細かな差を見せ始める。

図1は長屋形式の住宅で、一つの破風の下に二戸の住宅の玄関が納められている例であり、改修された建具や天井、門扉などに、その差が現れている。そして震災。ダメージを受けた部分とそうでない部分は、その所有の境界において明確に「切断」される。公費解体を経て、再建不能となった空地が、切断され残存した住宅と隣接する（図2）。さらに再建が可能な敷地では、より高密な住宅が隣接する既存住宅とまったく無関係な表情で建ち上がる（図3）。これらの現象は十数戸が軒を連ねていた長屋において、同時に発現していた。震災後三年目のことである。「灰・白地地域」における震災復興の建築の破壊／再生のプロセスにおいて、さまざまな「切断」が行われ、相互に無関係な形態が隣接する状況が生じていることがこの一連の現象に暗示されている。それはおそらく形態だけの問題ではない。人々のさまざまな社会的関係においても、同様の「切断」が生じたことは容易に想像できるのである。

また一方、地域を問わず既成市街地ではあまねく存在し、復興まちづくりの課題とされている現象

図1

図2

図3

図4

がある。空き地である。一般的にみて、何らかの規制がないかぎり、土地はかぎりなく細分化してゆく傾向にある。その結果、形態的課題や権利関係の課題などから再建不能な宅地が生じる。「既存不適格」で、さらにダメージを受けた建物が公費により解体除却されると、そこには空虚な空き地が広がることになる。空き地は、空虚に見えて、そこにはさまざまな課題が積層している。「再建されない」ということは、その空き地が抱えている課題を端的に表現しているのだ。こうした空地は震災後の街区のなかにモザイク状に散在し、従前より高密化・閉鎖化し、新たに強度を獲得した住宅群によって囲いこまれることになる（図4）。

ここにみられるように、震災後の「灰・白地地域」では、住環境の再生が、たとえば「近隣」「地域」などという単位をもとに行われるはずもなく、ひたすら各々の所有の範囲に限定されたなかで、隔絶的に進められた。その結果、狭小過密住宅に代表される高密度に集積した閉鎖空間と、空き地に代表される空虚な開放空間が隣接する、モザイク的二極化状態が偏在することとなった。これは震災後十年を経過しても、なおその状態が保存され、一種の均衡状態にいたっているようにみえる。それは、たんに土地や建物の状態のみを示しているのではなく、人々の生活に及ぼされたさまざまな「切断」を、深く象徴しているのである。私には、ここには日本の既成市街地の近未来の姿が集約的に現れているように思える。

これまでふれてきた神戸の被災した既成市街地と同様の市街地形成過程をもつ都市は少なくない。神戸に限ってみても山麓地に形成されたスプロール地帯は、地震動の特性から今回の震災では大きな被害を免れている。また、全国的にみれば、都市基盤整備の進んでいない木造密集市街地は二万五〇〇〇ヘクタールあることがわかっている。(7) これら課題を抱えた既成市街地は、被災した神戸のまちの足取りを、ゆるやかにたどっているようにみえる。そして近代都市計画の理念は、この状況のクリアランスが可能な、災害を待っているようにも思える。

耐震化へ向けた取り組み

阪神・淡路大震災で被災した自治体では、このような状況に対してけっして手をこまねいているだけではない。既存建物の耐震化促進に向けた制度が新たに設けられるようになってきている。兵庫県では「わが家の耐震改修促進事業」として最大八十万円までの耐震改修費への補助を実施している。また神戸市では「すまいの耐震化促進事業」を開始し、耐震診断員を無料で派遣する「すまいの耐震診断員派遣事業」、最大三十万円までの耐震改修費補助を行う「すまいの耐震改修事業」、住宅密集地区で耐震性の低い木造住宅の解体撤去費を補助する「まちの耐震性向上事業」、きめ細かなところでは高齢者や障害者のいる家庭での家具固定費を補助（最大一万円）する「家具の固定促進事業」などいくつかのメニューを用意した。さらに姉歯問題が浮上してからは、「分譲マンション構造再計算等支援事業」として、分譲マンションの管理組合が構造計算書の再計算などを行う場合に、その費用の一部を補助する制度を開始している。補助金額の多寡はともあれ、行政はこの課題に対して、無関心であることはできない。一方では公的施設の耐震化は進んでいる。だが、公的以外の建物の耐震化は促進しているのだろうか？

耐震改修の実態的な事例数は把握されていないが、参考となる資料がある。平成十六年（二〇〇四）、それまでに耐震簡易診断を受診した住民に対し、神戸市が耐震改修に関する意識調査のアンケートを行っている。[8] 配布六百二件に対し三百二十件の回収を得ている（有効回収率五三・二パーセント）。このなかで、耐震診断の結果を踏まえた耐震改修工事の実施の有無を問う項目がある。それによれば、「実施していない」が八二パーセントと大半を占め、「実施した」は一八パーセントにすぎない。仮に六百二件の相談に対し同じ割合で工事が実施されたとしても、わずかに百八件の事例しかない。震災で多くの住宅が滅失したとはいえ、昭和五十六年の新耐震制度以前に着工された既存不適格の住宅は神戸にもまだ膨大に残されている。被災都市ですら耐震化は必ずしも促進していない。同じアンケートで、耐震改修工事を実施していない理由には、「改修したいが工事資金が都合できない」が約四割ともっとも多く挙げられ、耐震改修工事の費用については「五百万円以上」が約四割を占めている。経済的要因が耐震化を大きく妨げているといえる。

他方、いつ発生してもおかしくない地震に備えている自治体ではどうか。横浜市では耐震改修費用の一部を補助する制度を独自に設け、その限度額が五百万円と被災都市に比べ破格に設定されている。それでも平成十六年時点での累計で、工事完了件数はわずか四百六十一件。昭和五十六年以前に着工された木造戸建住宅件数約二十四万棟と比較すれば、「まちの強度」を確保するのに、有効な数値であるとはとても言えないだろう(9)。

すなわち、個々の建物の耐震性を高めることは確実であっても、耐震改修工事は、現時点では、被災都市においても地震に備える自治体においても、都市全体の防災性能を高めることには、いまだ寄与していないと言わざるをえない。木造密集市街地が抱える課題は、震災の体験を経てもなお、凍りついたままである。

既成市街地の歩む道のり

神戸の震災復興は、まず公費による解体除却から始まり、戦災復興と同様のスクラップ・アンド・ビルドを前提とした都市計画事業を手法として行われた。それは、マクロにみればさまざまな社会状況の課題を生み出した。一方、都市計画事業から外れた被災地の大半を占める「灰・白地地域」では、計画性のないまま再建が進み、課題が積層した空地と再建住宅がモザイク状に偏在する二極化状況が生み出された。建築の強度、ひいてはまちの強度を担保するはずの建物の耐震化は、公的施設を除き促進しない。密集市街地の課題は凍りつき、全国いたるところに広大な面積で存在している。私たちのまちは、どこへ進むのか?

ごく大雑把な分け方をするならば、そこにはふたつの道筋が生じると思われる。ひとつは、開発圧力すなわち資本の投下が想定できるところ。たとえば東京や大阪などの大都市近郊のまちである。もうひとつは、開発圧力が想定できないところ。たとえば地方都市で交通基盤整備が遅れているまちである。前者には、画一的なスクラップ・アンド・ビルドの開発の恐れがあり（私たちはそれをバブル期に嫌になるほど経験した）、それはすでにふれたような社会状況の課題を引き起こさずにはいない。後者には、行政的な投資すらもはや想定しにくい。少なくとも土地区画整理や再開発などを期待できる地区はごく限られているだろう。すなわち神戸の「灰・白地地域」同様、まちの将来は施策的には放置され、まちの更新はその関係する権利者の恣意に委ねられ、結果、すでにみたモザイク状の二極化が進行し、課題が積層した空き地が現れ、極端にいえば、中山間地の集落崩壊と同様、部分的に街区崩壊が生じる可能性がある。またそこまで達しないまでも、多くの居住者や権利者は、具体的方策を見つけられぬまま不安定な住環境に置き続けられ、判断停止状態のまま、ゆるやかにいつか訪れるかもしれない災害を待ち続けることになるだろう。

つまりスクラップ・アンド・ビルドを前提とした市街化整備手法をもつだけでは、よほど開発圧力の高い地区を除き、もはや既成市街地の住環境の改善（それは「まちの強度」を高めることも意味する）には、有効でないと考えられる。とくに土地区画整理事業や再開発事業では、そこに投資される資金のあり方が都市経営上問題とされるようになるだろう。では、どのような手法がありうるのか？

それを考えるためのヒントのひとつに「修復型のまちづくり」がある。スクラップ・アンド・ビルドによらない、地区施設の段階的改善をイメージしたこのインプルーブメント手法は、比較的早く、一九七〇年代から手法論としては用意されていた。しかし実際のまちで手法を実現化していくにはハードルが高く、成功事例は比較的少なかった。しかし近年になって、いくつかの新しい展開や成果が見え始めている。

修復型のまちづくり

神戸市の真野地区では、公害対策に端を発し、住民主体のまちづくりに非常に早い段階から取り組んでいる。道路や街区の形状を大きく変えることなく、地区施設を順次整備し、住環境の改善を漸次的に進めている。そのプロセスは、地域コミュニティを強化し、地域防災力を高め、震災直後の迅速な救出や防災活動、復旧活動につながっている。震災によっても壊滅的被害は免れ、復興過程でコレクティブハウスなど新しい形式の住宅が導入されるなど、現在にいたるまで脈々たる活動が継続している。ここには修復型のまちづくりの原点がある。ただ、あまりに特殊解であったために、一般化しにくかったといううらみはある。しかしここを模範として、住民主体のまちづくりの仕組みは、拡大・浸透し、「灰・白地地域」でのまちづくりにまでつながりを見せている。

また震災後でも、スクラップ・アンド・ビルドではない、復興の道筋を探った試みもあった。生活道路整備型の密集住宅市街地整備促進事業（以下、密集事業）を活用した宝塚市川面地区、伊丹市荒牧地区、淡路・一宮町郡家地区、東浦町仮屋地区などでの事例である。土地区画整理事業は強制力をもつ都市計画決定事業であり減歩を伴うが、密集事業は任意事業であり、住民の合意が前提で、減歩ではなく買収による道路の拡幅を行う。この手法に則り、各地区では合意のとれた箇所から道路の買収を進めた。その結果、既存の線形を崩すことなく道路の整備が図られ、地区によってはコミュニティ住宅や集会所の整備も行っている。さらに単位面積あたりの事業費は区画整理の三分の一から五分の一程度に納まっている。[10] そして何より重要なことは、住民は一時的にも恒久的にも地区から追い出されることがなく、それゆえ、地域コミュニティは保たれ続けたということである。

また震災復興ではなく、平常時のまちづくりとして同じ密集事業をまちづくり手法として活用する地区もある。昭和三、四十年代のスプロール地区を抱える宝塚市高松・末成地区では、密集事業と地区計画により既存ストックの大半を保全したまま住環境改善を図ろうとしている。芦屋市若宮地区では、住宅地区改良事業を用い、当初スクラップ・アンド・ビルドの手法で集合住宅に建て替えるように進められていた計画が、住民の反対により最終的には小規模に分散配置した集合住宅と、新築戸建・既存戸建からなる修復型の計画に変更された。ここでも地区住民はもと住んでいた場所から離れずに済んでいる。[11] 神戸市の密集事業地区では、震災後数年を経て、細街路整備の制度化を行っている。これは住民間の合意で道路中心線の確定を行い、それにより細街路の整備を進め、そのうえで状況に合わせて沿道の住環境整備を図る仕組みである。これまで十数路線が竣工している。そして、この事業をきっかけに、面的なまちの耐震化に取り組む垂水区東垂水地区の試みなどが生まれてきている。

このように、まだまだ事例としては少ないが、スクラップ・アンド・ビルドにもとづかない修復型の市街化整備手法が試みられ、徐々に成果が現れてきつつある。これらはいずれも、意欲ある行政職員とコンサルタント、そして偏った価値感に流されない総合性を備えた地域リーダーが、三者一体となって事業を進めている。

「まちのリノベーション」へ

「修復型のまちづくり」は現実に進行させることができる手法として成果を見せ始めた。また建築のリノベーションに対する関心も高まり、さまざまなアイデアが提案され、実例も数を増やしている。ここにおいて今後の「まちの強度」獲得の手法として必要かつ有効と考えられるのは、これら建築のリノベーションと、修復型のまちづくり手法を組みあわせ、既存の建築ストックの改修・活用と、既存の都市施設の漸次的改善を複合的に実施する手法であろう。これは「まちのリノベーション手法」とでも呼んでもいいかもしれない。本書の別稿で報告されている大阪市空堀地区の事例は、「まちのリノベーション」が、実際に進みつつある先駆的な事例といえるだろう。墨田区向島地区や新宿区神楽坂地区、大阪の法善寺横丁なども、長年のまちづくり活動が功を奏し、苦闘しつつも他地区が参考にできる一定の成果を収めている。(12)

こうした「まちのリノベーション」を現実に進めるためには、いくつかの技術が必要であるようだ。まず「建築再生の技術」。これは建築のリノベーションを行える技術であり、現在その蓄積が進められている。震災後、とくに耐震性向上のための工法は徐々に開発されてきているが、防火性能向上のための設備系の開発はまだ少ない。今後望まれるところであろう。次に「制度設計の技術」。制約の多い現行の制度のなかで、各自治体の現状に即し、地域特性に応じた市街地整備制度の設計が行える技術が必要だ。とくにコンサルタントや行政職員の役割は大きいといえる。さらに「合意形成の技術」。震災後の二段階都市計画決定方式に見られるように、都市計画決定事業ですら住民参加の仕組みをもたないと円滑に事業が推進できないことが明らかになっている。とくに「まちのリノベーション」を進めるうえで、住民主体の体制は必要不可欠になる。そのうえで多様な意見を尊重し、合意形成を図れる技術が必要になる。ワークショップはそのための重要な手法といえるが、まだまだそのポテンシャルは十分に引き出されていない。今後の開発が必要である。そして「事業性確保の技術」。とくに商業施設でなくとも、リノベーションされる建築や既存施設が、地域経済のなかでどのような影響と効果を与えるかを判断し、それぞれが継続的に機能できる事業性を可能にする技術が求められる。先に紹介した大阪市空堀地区における、長屋を改修したデイサービスセンター「陽だまり」の事例は、その重要な参考事例となるだろう。雑駁な仕分けであるが、「まちのリノベーション」のためには、少なくともこれらの技術が、総合的・複合的に活用される必要があるだろう。建築再生の技術は、広がりと深みを見せ始めている。しかし「制度設計」「合意形成」「事業性確保」の技術は、まだ十分に開発されているとは言いがたい。そして先に挙げた先進事例は、いずれも大都市の中心部もしくは直近に位置し、人口も多く基本的に経済的ポテンシャルの高い地区である。そうした立地にない地区でも活用できる、これら技術の開発が、今後とくに強く要請されるようになるであろう。

「強度不足」への不安との付き合い方

人間の生活を包括的に守り支えるものの強度として、「建築の強度」は「まちの強度」と相関性を示す。そして「まちの強度」を確保するための手法として、スクラップ・アンド・ビルドを前提とした事業は、震災後の神戸にさまざまな社会状況の変質をもたらした。それは必ずしも多くの住民が望んだものではなかった。一方、施策として自力再建が求められ支援制度からは放置された「灰・白地地域」においては、課題を積層させて凍りついた空地が偏在し、二極化がモザイク状に進む状況が生まれた。ここには、スクラップ・アンド・ビルドという手法すら期待できない。これは日本にあまねく広がる既成市街地の未来を暗示している。「まちのリノベーション」手法を探ることしか、そこには残されていないように見える。

しかし一方、姉歯問題における一連の騒動で、「建築の強度」に対する住民の不安が煽られ、セキュリティ意識、防災意識が過剰に助長された。スラムクリアランスの手法を反復させせかねない、この不安と、どのように付き合うのか。

住民自身が自らのまちを知り、不安と付き合いながら、その将来を選び取ることができる体制づくりが必要になる。そして選び取ることのできる選択肢を、できるだけ多く用意しておくことだ。スクラップ・アンド・ビルドを前提とした手法では、多くの住民・権利者が納得し、満足できる答えは得にくい。過剰な投資も必要になる。そして必ずコミュニティも含めた社会状況に変質をもたらす。それが多くの住民にとって望ましいものかどうかは不透明だ。「まちのリノベーション」は、時間がかかり、その道筋は困難であるかもしれない。だが、画一的でなく、各々の地域特性に即した手法が組み上げられる可能性が高い。その主体は住民でなければ継続はおぼつかないが、リノベーションのプロセスにおいて、コミュニティは結束性を増し、より自律的で総合的な地域マネージメントへ向かうことが多い。これまでの多くのまちづくりの事例がそれを証明している。そしてさらにソフト面における自主防災性の向上など、総合的な意味での「まちの強度」を高めることにつながっていくことが期待できる。それが災害時においても有効性をもつことは、阪神・淡路大震災で証明されている。しかし、その道のりは平坦ではない。多様な主体が競合するその場を保ち続けなければならない。そのための技術が獲得されなければならない。

いずれにせよ、私たちが対峙しなければならないのは、近代都市形成の過程における最大の負の遺産である。楽な相手ではない。

注

（1）二〇〇五年十二月現在。消防庁発表による。
（2）『阪神・淡路大震災の経験に学ぶ』国土交通省近畿地方整備局、二〇〇二年十一月
（3）戦災復興土地区画整理は長期間にわたって行われ、そのすべてが完了したのは阪神・淡路大震災後の一九九六年である。
（4）笹山前神戸市長のコメント。

（5）平山洋介『不完全都市　神戸・ニューヨーク・ベルリン』学芸出版社、二〇〇三年
（6）詳細は「被災都市のフィールドワーク」（「10＋1」24号「フィールドワーク／歩行と視線」INAX出版、二〇〇一年、所収）参照。
（7）一九九五年、当時の建設省の調査による。
（8）『すまいの耐震化促進のための建築士・生産関係者向け基礎マニュアル』（神戸市、二〇〇五年三月）参照。
（9）「日経アーキテクチュア」二〇〇五年一月二十四日号、七一―七三ページ参照。
（10）塩崎賢明・西川榮一・出口俊一・兵庫県震災復興研究センター編『大震災10年と災害列島』（クリエイツかもがわ、二〇〇五年）参照。
（11）「阪神白地まちづくり支援ネットワーク」におけるＧＵ計画研究所・後藤佑介氏の報告による。
（12）季刊「まちづくり」8号（クッド研究所、学芸出版社、二〇〇五年十月）参照。

ロジモクの将来をめぐって

都心居住としての路地長屋

松富謙一

序論　ロジモク研の発足

長屋再生のムーブメントで終わらせてはいけない。

昨今、木造長屋・町屋を改修してアトリエ付き住居にしたり、カフェやレストランなどの飲食店にコンバージョンして利用することが、東京（向島、月島）や京都（西陣、先斗町）大阪（空堀、中崎町）の下町を中心にじつに多く見受けられるようになった。温故知新や懐古主義的な風潮も手伝い、若い人たちのフィールドとして取り組まれている事例が多い。またこのような取り組みは、町に活気を生み出す原動力であり、放っておけば朽ちていく一路の空き家の利用や、コミュニティベースの経済活動という意味でも貢献度は高い。すべての活動がそうとは言わないが、まちづくりの視点からは、地域の抱える問題改善に一役を担う自由で新しい感覚をもった活動であると評価できる。

戦前に建てられた長屋や町屋は、説明をするまでもなく建築基準法上の性能を満たしたものはない。これらは、既存不適格なる法的位置づけによる「非能力建築」である。先の事例による改修は、たとえ町や人にやさしく、公共に資するものであっても法律に適合しているかどうかは、はなはだ疑問である。建築基準法は、制定以来五十六年が経過しており、社会的に直接問題があるかどうかは別として、違反建築が満盈しているといっても過言ではない。法の規定と実態の乖離は大きな問題である。戸建住宅の中庭や駐車場に屋根をかけた身勝手な建蔽率違反や、商業施設で屋外スペースを室内化し、企業営利のみを追求した容積、用途違反などはあたりまえのように見ることができる。しかし、そのような反社会的な行為と地域の問題改善に向けた行為とは、法令遵守（コンプライアンス）の観点から根本的に線引きを行わねばならない。なぜなら、本来コンプライアンスとは、法令の文言からその精神や目的などを踏まえた行動であり、公共の合理性や道徳性にもとづく問題だからである。

昨年、通称ロジモク研〈路地と木造密集建築などに代表される日本的建築・街並み・集住文化のあり方について考える研究会〉を発足した。

現在、各地で行われている木造長屋や町屋の多くの再生活動では、接道の問題や防火性能の問題、そして耐震性能の問題において、建築基準法の非常に高いハードルをクリアしなくてはいけない。ロジモク研はそのような課題から、とりわけ法律上道路と認められない路地に建つ木造長屋に焦点を当て、問題解決への糸口を見つけることを目的とした研究会である。

第一回目の発足研究会では、関西の都市・建築系の大学と専門学校の六研究室から木造密集地域での建築計画課題をテーマとした展覧会と、筆者を含めた木造密集地域で活動する三人の建築家でパネルディスカッションのフォーラムを開催した。地域の住民をはじめ行政マンや都市計画家、建築家、住宅メーカー関係者、学生と予想を超える盛況ぶりとなり、テーマへの興味の高さを示す結果となった。コーディネーターは、建築と社会的背景について鋭い視点から五十嵐太郎氏にご登壇いただき、会場からの期待や不安を込めた多数の意見もファシリテートいただいた。

筆者は、ロジモク研のフィールドワークのひとつに、大阪市中央区谷町、空堀商店街界隈を中心とした後述する「長屋ストックバンクネットワーク」という活動を行っている。これは地域の古き町並みの魅力を謳い、空き長屋・町屋の活用を積極的に提案し、老朽化して防犯や防災の面から危険度の高い空屋のリノベーションを促進することを目的とした活動である。

本章では、長屋ストックバンクネットワークの活動事例を交え、疲弊した法律のパラドクスを解き明かし、今後の木造長屋と路地のありようを示唆したいと思う。

第1節　「空堀地域」での活動

長屋ストックバンクネットワークの活動

大阪市中央区谷町六丁目界隈、空堀地域。大阪城や府庁舎のあるところより南西一・三キロ、また大阪の繁華街として賑わう心斎橋から東へ一・五キロに位置する大阪の都心部である。豊臣秀吉が大阪城を守るため城の南側に築いた外堀が、水を入れない「空堀」だったことに地域の名は由来する。江戸中期ごろから市街化し、昭和初期にかけてまでつくられた長屋を中心に庶民の暮らす住宅地として形成されてきた。現在では、ちょうど「空堀」の位置したところに東西八〇〇メートルの空堀商店街が延び、地域の暮らしを支える台所となっている。また、商店街の表通りを挟み長屋群、いわゆる裏長屋が密集したまちである。このような長屋と長屋のあいだにはじつに多くの路地が張り巡らされている。町の地形をよく知る筆者でさえいつ行ってもわくわくして歩くのが楽しい場所である。ここでは、いまでもコミュニティを大事にした裏長屋の暮らしが深く根ざし、路地にある祠や石畳、軒先に彩られた緑の手入れなどから垣間見ることができる。

しかし一九八〇年代以降、全国の商店街と同様にこの地域もまた例外なく、人口減少とともに商店街の衰退を余儀なくされてきた。商店街は「歯抜け店舗」へと変化し、地域の高齢化に輪をかけ町の翳りが著しい。その一方でここ五年ほどの間に、幹線道路沿いには地域を取り囲む城砦かのごとく、高層マンションの建設が進み、地域の人口減少に歯止めがかけられるようになった。しかし、地域としては、人口の増加の推移だけを見た近視眼的な考えだけでは諸手を挙げて喜ぶわけにはいかない。

そして、さらには、本章のテーマである接道や耐震、防災などの建築基準法の問題で建物を建て替えることや、また建物が取り壊された空地に建築ができないといった長屋密集地域の大きな問題を抱えている。老朽化した建物に手を付けられない状況は、家主（地主）や地域全体にとって深刻である。裏長屋コミュニティを中心に築かれてきた暮らしの危機なのだ。

こうした状況のなか、筆者は「長屋ストックバンクネットワーク」という長屋再生活動を行っている。路地や石畳、長屋といった空堀の古き町並みの魅力を謳い、空屋のリノベーションを促進してまちの活性化につなげていきたいと考えた活動である。老朽化した長屋密集地域への防犯や防災に役立てることを目的としている。いまから五年前、「からほり倶楽部」という空堀地域を魅力と感じる有志で結成された市民グループが、さまざまなまちづくり活動をするなか、その一端である長屋再生活動を法人化したのである。

家主から相談を受けた空き長屋の活用を図るため、住居、また商業などの施設として事業の企画から提案を行い、ユーザー募集までソフト面からの組み立てを行っている。

これまで、空き長屋を住居改修するほか、「惣《そう》」「練《れん》」「萌《ほう》」と名づけた複合店舗や、デイサービスセンターへのコンバージョン（用途転換）へと再生し、空き長屋や町屋を利用しての老朽化問題への救済策を講じてきた。次項で建築経緯など説明したい。

空間とコミュニティ形成

・「惣」複合店舗

活動をともにする「からほり倶楽部」代表理事の六波羅雅一氏と山根秀宣氏が中心となり、再生計画を行った長屋リノベーションの一号である。二軒の長屋を五店の複合店舗として再生させた。老朽化して雨漏りのする屋根と外壁の土壁が落ちた状態となったため、家主が解体しようとしていた瀬戸際、建物を借り上げ再生したものである（図1）。

・「練」複合店舗

左ページ・**図1**　再生された二軒長屋。上は従前、下は「惣」竣工後

WARE SHU
Smilly

空堀地域にある長く使われていなかったお屋敷の再生である。聞けば大正時代、神戸舞子から移築されたヴィラという。駅に近い好立地で、広くまとまった敷地であったことから、デベロッパーマンションの開発用地として格好の標的とされた屋敷であった。計画の主旨に共鳴していただいた家主の協力を得、魅力ある十一店の複合店舗として再生した。空堀地域の魅力に焦がれて参集した店舗事業者の想いや、そう簡単に取り壊すまいとしたわれわれの意気込みが、あらためて地域の資産として建物を甦らせた。

・「萌」複合店舗

空堀地域の出まれでゆかりが深い作家、文学賞に名を残す直木三十五の記念館が入る施設として、町屋を再生した。地域の中心で公園に隣接した立地であったことから、地元が誇れる文化施設として住民とのつながりを願った施設である。

・「デイサービスセンター陽だまり」

商店街で介護用品店を商う店主が新規事業の展開として、デイサービスセンターの計画をした。空き長屋の利用と介護福祉の両側面から地域の課題改善を一手に引き受けたプロジェクトになった。地域の資産である長屋を使い、地域の人が事業を手がけ、地域の高齢者が利用するかたちで、三位一体となった事業である。

このような空き長屋のリノベーションに出店される事業者の特徴に、地域以外から流入層の多いことがあげられる。とくに商業系の情報雑誌に取り上げられた影響を受けて、これから事業や商売を始めたいと希望する三十歳台を中心に、空堀の将来性を見込んで飛躍期にしたいとする事業者からの問い合わせが多い。

筆者らが中心となったプロジェクトのほかにも空堀商店街界隈で空き家をコンバージョンした空間をうまく利用したさまざまなビジネスが行われている。先述したとおり、地域外から集まった人たちによる活動が大半であるが、彼らの行うビジネスを通じて地域との新しいつながりを見いだすことができる。具体的な例として次のようなものがあげられる。

①週末にはお気軽コンサート、そして写真や絵画といったギャラリー的な展開などで若者が集う町家パブ。集まる客同士の情報交換が、新たなビジネスを生み出すエネルギー源にもなっているようだ。

②ハンディキャップのあるお年寄りの買い物やお出かけの支援を行う高齢者介助の会。

③着物のリサイクル販売や着物文化にまつわるイベントを開催し、新旧世代を超えた地域交流の促進や着物文化継承の啓発を行う着物教室。

④商店街の活性を目的として、商店街で販売される食材や産物を使って食事会を行うなどの文化サロン的、井戸端会議的なスペースとして開放しているグループ。インターネットで広く情報発信をし、企業の交流や遠隔地からの人たちによっても利用されている。

これらの地域に根ざした新しいコミュニティビジネスは、地域の内外を問わず、集まる人たちの結節点となっている。そして、わずかな経済活動ではあるが、地域経済活性の一端を担っているのである。顔の見えないマンション住民の問題はよく指摘されるところであるが、こうしたコミュニティビジネスを通じ解決の糸口をつかんだり、また新しく流入する住民と先住の地域住民との柔和な関係づくりを促進させている。リノベーションを通じた新規事業が生活の必然に応じて人間関係の重要な架け橋になっているということは、地域の課題改善に寄与するところである。

第2節　長屋都市の大阪

長屋の開発

一九四〇年代の借家調査で、大阪は九五パーセントが長屋だったと記述される。そして九〇パーセントの人が借家住まいであったことから、大阪がいかに長屋都市の様子を呈していたかがわかる。

大阪は江戸時代から船場・島之内（本町・心斎橋）が先駆けて長屋の住宅地として建設され、明治二十年ごろからは旧大坂三郷の中心から外へ向かい長屋が本格的に開発された。里道に沿って長屋を建て、裏の土地は畦道を路地に仕立てたり、里道から直接路地を引いて長屋を建てたようである。いまで言うスプロール的な市街地形成である。

昭和五十年代はじめにおける中堅所得者向けの戸建ミニ開発とマンション開発が誕生するまで、「家は借りて住むもの」という考えが定着していた。そのため、大阪の長屋では裸貸しという貸し方が一般的であった。裸貸しとは、建物のみを貸す方式であり、畳や建具などを店子が持参するシステムである。一定モデュールで長屋が建てられたため、このシステムが可能となったわけである。裸貸しに対して、畳や建具などが備えられた「付け貸し」というシステムもあったが、裸貸しのほうが付け貸しより二五パーセントほど安く借りられたので、一般的に普及したようである。このことからも、大阪人の合理的な資質をうかがい知ることができる。

大阪では、一九一九年（大正八）市街地建築物法を受けた後、一九二五年（大正一四）の第二次新市域拡大までに年間五千戸程度の供給があったようである。そして第二次新市域拡大に伴って百二十五万人の人口が二百五十万人まで膨れ上がった。現在、大阪市都心六区での分譲マンション着工戸数が年間六千戸程度であるから、この時代にいかに凄まじい勢いで平面的な開発が行われてきたかがわかる。大大阪新開地と呼ばれた新市街地の誕生である。

余談ではあるが、このころ大阪は大大阪時代と呼ばれ、モダニズムの華やかな大阪文化をつくってきた。瀟洒な身形のモボやモガたちが心斎橋筋を闊歩し、「シンブラ」という言葉が流行した。美術界や文学界からスター作家が登場し、建築界では辰野金吾や渡辺節、W・M・ヴォーリズらの建築家が大阪文化の潮流を成した。いまでも大阪人の誇りはこのころつくられた文化ストックに根ざしたものであると言ってよいだろう。

そして、一九二〇年代からの十五年間にわたって土地区画整理事業の都市計画の一環として、住宅デベロッパーによる長屋が大量に建設されていくのである。

かくして長屋は大阪の全域に普及し、庶民住宅の住居形式として支持されるにいたった。第二次世界大戦によって壊滅的な被害を受けるが、戦災を免れた一部地域では、住宅ストックとして残された。

しかし、戦後、長屋が再建され、あらためて庶民住宅として普及することはなかった。

路地の魅力――コミュニティアレイ

――うちの家見とくなはれ、奥行きが二間、間口が一間半。九尺二間ちゅうやつだ。

上方落語「書割盗人」のくだりである。落語に登場するように、路地に面する長屋の多くは、間口が一間半、奥行きが二間の小さな区画である。小さな区画だからこそ路地も室内の一部としてうまく空間化されるのである。あるときは居間の延長として、あるときは応接や余暇を寛ぐスペースとして存在する。その路地の利用については、隣り合う居住者のあいだで自然発生的ルールがありそうで、なさそうで、いずれにせよそれなりに収まっている曖昧なスペースでもある。

落語に出てくる風景ではないが、鍵をしないで買い物へ出かけたり、病気になればお隣が家事を世話したり、夕食の献立のやり取りをしたりと、古くから住む者同士でいまでもそんな習慣が続くと聞く。路地を隔てたこのような生活環境で、近隣の信頼性が育まれるのであろう。

長屋の一群の路地には、必ず地蔵尊やお稲荷さんの祠が鎮座する。これらの祠は、密集する長屋の環境から疫病や火事の発生を鎮めるため奉られてきた。しかし、もうひとつの役目は、良好な人間関係をつくるコミュニティの中心としても存在するのである。たとえば、長屋は借家であるため、転居に伴ういわゆる新参者がいる。そうしたときの柔和な関係づくりの役目をしたのが地蔵尊やお稲荷さんの存在である。長屋住民が協力し合う月例祭や地蔵盆の祭事は、良好で濃密なコミュニティを育み、

左ページ・**図2**　石畳の残るトンネル状の路地

新参者にとっても長屋コミュニティに溶け込む機会であった。

路地の魅力は、もうひとつある。目的地への経路をそのときの気分に応じて、路地を組み合わせて自由に選択することである。子どもにとっても、学校へ向かうコースと遊びに使うコースとは異なる。また、今日はあそこの誰それさんに顔合わせせぬように別のコースで、といった具合に路地経路の選択ができるのだ。車社会に合わせて計画された道路とは違って、車の危険性を気にすることなく子育てにもやさしい。それになによりも、路地は人間臭くて毎日新しい発見ができるじつに楽しい空間なのだ。

路地にはなにか人間関係をつくっている有機的でアメーバのように何もかも包含する雰囲気がある。そうした路地を「コミュニティアレイ」とでも言い論理的に一括りにできないか。コミュニティアレイとしての路地は残すべき地域資源であろう（図2、3）。

蔑ろにされた六十年

さて、一九二〇年代から急速な勢いで市街地整備として長屋開発が大量に供給されたわけであるが、第二次世界大戦で壊滅的な被害を受けた後、長屋住宅はあらためて見直されることはなかった。庶民の暮らす住居として日本の誇るビルディングタイプであったが、残念なことにそれは評価をされることなく、また見向きもされなかった。コンクリートのような新しい技術に比べ耐火性能が低かったことをすべてに長屋を改良して進める理由はなかったのだ。

右ページ・**図3**　1間幅の路地と長屋

終戦復興の号令で建築基準法が整備され、コンクリート住宅による市街地開発の誘導が進められた。政府施策住宅と呼ばれる、公営住宅、公団住宅、公庫住宅の三本柱で日本の住宅の骨格をつくってきた。一九五〇―六〇年代の驚異的な高度経済成長とともに都市の人口は増加し、九、十四階建ての高層住宅を出現させていった。

そして住宅供給は、郊外のニュータウン開発へとエネルギーが注がれた。戦後、前川國男や坂倉準三らによってヨーロッパから輸入された板状集合住宅の形式が、住宅公団、公社によって大量に供給された。2DKユニットで構成される団地がつぎつぎと建てられ、またユニットの拡張と廊下階段の共用部に改良が加えられた中高層の新しいバリエーションで更新させた。高層住宅の建ち並ぶニュータウン開発は、近未来都市として脚光を浴びたが、長屋都市はその影に存在を潜めた。

しかし、人口の減少を迎えるこれからの時代に、高層の住宅供給をこれ以上推し進める理由は見当たらない。長屋住宅が蔑ろにされてきた六十年を振り返り、暮らしのよさを再評価するとともに、法律の齟齬を解決する道を探すべきであろう。

第3節　災害と防災性能

路地長屋の防災性能

裏長屋は、路地幅が狭く木造建築が密集しているため、地震や火災などの災害に弱いとイメージで語られることが多い。それならコンクリート建築ならば安全なのであろうか。どの程度のセキュリティが必要になるのか地域的視点で検証が必要である。たとえば極端であるが、原子力発電所並みの耐震性能、地下モール街並みの防火性能を裏長屋に求められても、設備的にも経済的にも非現実的である。つまり、法律や消防署の指導ではいかにセキュリティが必要であるか、論拠に明確性を欠く。たしかにイメージで語られるとおり阪神大震災の経験からそうした不安は大きい。いったん火がつけばひとたまりもなく延焼し、地域がまるごと火の海に包まれることは想像するに及ばない。しかし、空堀長屋などは昭和を遡る数百年の過去のうち、大きな災害を出すことなく今日にいたっているのも事実。筆者は防災を検証するうえでこうした事実も評価しなければならないと考えている。

一六六六年のロンドン大火、一八七一年のシカゴ大火、東京では一八七二年の銀座大火、大阪では一九〇九年の北の大火、世界や日本の歴史もそうであったように、災害をきっかけに大きく法律や材料性能を変えてきた。しかし、法律や性能と同じように、見直されるべき他の視点があるのではなかろうか。

法律に定められた防火性能を有するコンクリート造でも、その使われ方やそこに暮らす居住者の過失で大きな災害をもたらしてきた。そうかといえば、木造密集地域であっても戸建住宅は消防法上で規定している法律はとくにない。なにか矛盾してはいないだろうか。そして、近年起きたいくつかの火災事故は、法律が安全を保障しているとは限らないことを、図らずも露呈している。

たとえば四十四人もの死者を生んだ東京都・歌舞伎町のペンシルビルでは、避難階段に日常的に置かれたダンボールなどが避難経路を塞ぎ被害を大きくした。兵庫県・尼崎で起こった大規模小売店の火災では、倉庫に納まりきれない荷物が防火扉を塞ぎ、そこから流れた煙による窒息死で十四人が死亡。そのほかコンクリート造の住宅建築もまた、深夜の火災に気づかず一酸化中毒で死亡したり、避難が遅れたことが原因で大きな被害を生んでいる。法律は安全を保障するものではないのだ。

一九九七年以降の消防署の統計では、出火原因は、たばこを抜いて放火が二二パーセントの一位であるとしている。高層住宅の日常使われず、人目につきにくい避難階段こそもっとも危険なところではないか。法律は被害が起きてからしか変わらない。しかし、路地長屋などは古くから先天的に危機意識をもち、慣習やしきたりのある暮らしから、事前の予防をしてきたのではないだろうか。また長屋のオリジナルは、わずかながら裏庭を持つ形式が少なくはない。筆者は、内風呂としての改修などで裏庭が塞がれるまでは、二方向避難の原則が保持できていたのではないかと推察している。

道の定義と路地長屋

長屋のほとんどは借家を目的として建てられてきた。表通りに面して、地主（家主）の母屋が建ち、それに並ぶ形で、もしくは路地を引いて長屋が建ち並ぶ形式で開発されてきた。ほとんどの場合、長屋の開発主が家屋も土地の権利も所有していた。ところが、開発主自身の経済的、相続などに関する事情や店子が主張する居住権の輻輳的な諸事情で、土地や長屋がズタズタに切り売りされてきた。規定されるルールがないことをよいことに、資本の論理だけで売買が推し進められた。いわば、持ちつけぬ土地を持った者が土地や建物の公共性を学びえなかった〝愚かさ〟と〝悲しさ〟の残像であろう（図4）。

こうして「蔑ろにされた六十年」は、ツケとして裏長屋の荒廃問題へと影を潜めた。そして、これは行政施策のツケでもある。

長屋密集地域には、このように権利区画が裂かれたために老朽化しても改修、建て替えができず、また長屋の一部だけが解体されたいわゆる「歯抜け長屋」が多く現存する。そしてこの現象が、違反建築を助長した。桁行方向に長い長屋の梁は界壁を超えたところで継ぎ手を設け、長屋全体の一本梁として構造バランスを保っている。しかしある区画が歯抜けになると、一本梁として力を伝達していた継ぎ手の梁はバランスを崩し、さらに間口（短辺）方向での壁がなくなることで壁量の不足が長屋全体を不安定な構造に変えるのである。また、内壁だった界壁が外壁になるのだから雨仕舞いとしてもよいはずはない。改築

図4　歯抜け長屋の状況

や新築のできない状況は、経年変化や腐食進行による耐力の脆弱化を進め、災害の危険性を一段と助長させる。着手できない現行法律では防災のしようがない。

表通り（法律上の道）に建ち並ぶ長屋は構造上の問題を除けば、更新性におおむね問題ない。しかし、接道義務の果たせない裏長屋は抜本的に手立てがない。法律が、建築地には四メートル以上の道路に間口が二メートル以上接続することを規定するのは、周知するところである。裏長屋の面する四メートルに満たない路地が「四十二条二項道路」の例外的扱いを受けるところもあるが、道路と認められない路地がむしろ大半である。つまり、いずれにしても現状の一・八メートルや二・七メートルの路地のままでは、建て替えや改修という行為は合法に行えないのである。

かつて都市のあり方は自動車社会を前提にした。しかし、それは五十六年前の状況と異なり、暮らしと町の状況から道路のありようも変化している。

第4節　世界の長屋から

長屋都市ロンドンを見る

ロンドンやボストンやニューヨークの世界の都心部にも、テラスハウスやローハウスと呼ばれる長屋住宅はたくさん存在する。世界のどの都市をとってみても同じだが、長屋は百年を超える優良な住宅ストックである。戦争災害による違いはあるが、住宅ストックとしての日本の事情とは様子が違う。

とりわけ、長屋住宅の開発が早かったロンドンの長屋住宅事情についてふれてみたい。イギリス人は日本人と同じように接地型住居志向で、市民住宅として低層住宅が長年支持されている。

ロンドンの街は、一六六六年のシティーの大火（ロンドン大火）によりほとんどが焼き尽くされるだ、その後ジョージアンスタイルやヴィクトリアンスタイルの十八、十九世紀のテラスハウスにより整備され、三百年もの歴史ある都市街区を形成してきた。

イギリスの住宅開発といえばE・ハワードが著した『明日の田園都市』が、日本のニュータウン開発にも色濃く影響したのはよく知られるところである。しかし、ロンドンを中心に都心部では、産業革命時代につくられた労働者住宅が劣悪な生活環境を生みだし、そのスラムクリアランスに格闘した歴史をもっている。

十七世紀からとくに十九世紀につくられた労働者用の住宅は、間口が狭く、奥行きの長い低層高密住宅として大量に建設されている。そうして住宅での暮らしは貧しい生活に加え家畜の野放しの環境から劣悪な状況を生み出した。しかしその後改善されテラスハウス（長屋住宅）はロンドンを代表する住宅のタイプとなった。このようなテラスハウスの大半は二階建ての長屋であり、わずかながらの裏庭を持つものである。高密度ではあるがアパートメントのように積層型ではなく、すべての家が地上階から出入りする接地型の低層住宅に、市民はこだわったのである。

一九五五年からスラムクリアランス法のもと、地方自治体は大規模なクリアランスと建て替えを行ってきた。そして、時代はモダニティの未来への展望を旨に、ユニテ・ダビダシオンから高層住宅へと大きく影響を受けた。しかし、ロンドンの市民性は事情が異なった。ニューヨークやパリで定着したアパートメントの歴史のように長続きはしなかった。高層住宅がテラスハウスより大きな面積で供給されたにもかかわらず、ロンドン市民からは高層住宅での子どもの遊び場が遠くなることの問題やヴァンダリズムや犯罪の多発が懸念され敬遠された。そして輪を掛けるように、死者を出した一九六八年高層団地のガス爆破事故をとどめに、高層住宅はロンドン市民から見限られた。

長屋の改修と新たな取り組み

スラムクリアランスで一掃されるのと同時に、良好なテラスハウスもたくさん残された。古い住宅を壊すのではなく、改築したり増築したりして使っていこうという考えが主流になり、十九世紀ヴィクトリア時代以前に建てられた古いテラスハウスたちは、壊される寸前でどうにか生き長らえるのであった。イギリスの住宅寿命は日本に比べ三倍も長いといわれている。逆に住宅の着工戸数が日本に比べ、六分の一程度といわれているので、中古住宅の市場が大きいことがわかる。住宅は適切な改修と近代化がされれば、より長い耐久性をもつことが可能となるだろうと考えられたからである。そして、イギリス当局にとっても、このような手法はクリアランスや大規模な再開発よりコストがかからず、コミュニティを破壊しないというメリットを見つけ出した点で、市民との想いが一致した（図5）。

一九七〇年代の初期の計画で重要なプロジェクトは、マックルズフィールドのブラックロードの再生だった。一八一五年に織物作業員のために建設されたテラスハウス。六十五歳以上の居住者がブラックロードに住み続けられるよう、ここは地域住民とともに建築家ロッド・ハックニーが住宅群の保存と改善を行った、スラムクリアランスのプログラムに加えられた地域である。地主・住宅所有者・居住者との協働関係をつくりあげ、コミュニティ参加のプロセスによって環境改善を進めたプロジェクトである。

図5　ブラックロードのテラスハウス（『イギリス集合住宅の20世紀』鹿島出版会、2000年）より

ほかにも、テラスハウスの再生を住宅政策として取り組んでいる例がある。ナショナルトラストの創始者のひとりとしてオクタヴィア・ヒルは日本でも広く知られるが、イギリスにおいては住居運動の先駆者として高く評価されている。ヒルは、ヴィクトリア期ロンドンの最貧困層の住宅問題に取り組み、その後の住宅政策に大きな影響を与えている。

ロンドンには、この時代の住宅がたくさん残っている。ロンドンに長屋都市をならうとするなら、住宅の耐久性を向上させただけでは問題は解決しそうにないことがわかる。古くなった住宅の性能や価値をきっちりと判断できる仕組み、自分の住宅を魅力的にして社会的なストックにしていこうという住み手側の意識が重要である。住宅への愛着心や公共性、これがイギリスにあって日本にはないものなのか。逆輸入された「MOTTAINAI」の言葉から、あらためてこのことも感じさせられる。

第5節　都心居住のひとつの答え

大阪では「お好み焼き」的発想

現在の長屋の状況を見てきた。

都市の暮らしを考えるときに、国籍の違いや多様な暮らしや個々人の考えの違いを見通すことは必要不可欠である。培われた文化やよい慣習、しきたりを残しながら、新しいものを受け入れる柔軟性が必要である。都市の成熟とはそういうことではないか。

ニューヨークではメルティングポットからサラダボール社会へと言われるようになって久しい。混ざり合って一つのものになっていく「坩堝」という考えよりは、同じ器の中で材料がそれぞれお互いを引き立てあい、主張し存在するサラダボールという喩えは、さらに都市の成熟を示すものではなかろうか。さながら大阪では「お好み焼き社会」と言えないか。水に溶いた小麦粉と卵、千切りキャベツをベースに、後はそれぞれお好み次第。山芋・豚バラ・えびにたこ。無駄な材料を出さずなんでも具として調理できる。昨晩残ったおかずを具に、ときにはスパイシー辛子ソースのアジア風、チーズを載せれば欧米風と、大阪人は雑多な暮らしがむかしから得意である。そしてまた、外国人もこのお好み焼きが大好きである。

活動する空堀地域における世帯数推移は三千六百五十九世帯（二〇〇〇年）、五千二十九世帯（二〇〇五年）と、都心回帰を顕著に示している。さらには就労や就学する外国人の数も加えれば大阪市のなかでも、もっとも人口増加率が著しい地域である。容積ポテンシャルの高い幹線道路沿いに十数戸から五十戸を上回る高層マンションがこの五年の間に建ち並んだ結果でもある。しかし、狭小過密と呼ばれた密集長屋地域ではもはやその数は過密とはいえない。高齢化率は上昇し、歯抜け区画や人の住まない家屋の老朽化はますます進む一方である。

現在の長屋は狭小プランがゆえに幾年にも重ねてリフォームがされてきた。ひとつはクロスやフローリングなどの新建材への模様替え。ひとつは水廻りの拡張である、システムキッチンへの入れ替えやユニットバスの設置がされた。とくにユニットバスの設置は裏庭を塞ぎ、採光ができない行灯部屋の環境を生んだ。そして、通気を閉ざしたため、湿気を帯びた空気は柱や梁の木部へ大きなダメージを与え続けた。構造的な危機的状況の脱却プランとして、二戸一や三戸一改修が現実的な施策となりえないか。二戸一や三戸一改修で長屋全体の構造バランスを見据えて耐震補強を促し、マンション並みの住居面積を確保するのである。路地の長屋の暮らしを継承する持続的な活用方法と更新性モデルが望まれる。

図6　町屋を会場にした「ロジモク建築作品展」

良好な更新に向けて新しい住まい方

冒頭ふれた「ロジモクフォーラム２００５」での学生による建築作品展から、路地や長屋空間への新しい切り口や動機などを見ることができた。思い思いに自由に未来を発想したもので、これまでの視点を変える新しい住まい方の可能性を秘めるものである（図６）。

①長屋の家屋ごとに個室やＬＤＫを当てはめ、長屋一群をひとつの家屋とする提案。長屋分解ハウスとでもいうのだろうか。

②長屋住民での相互扶助を活かし、母子家庭での住まいや高齢者の住まいを支えあうことを段階的な開発更新とともに計画しようとするソフトへも踏み込んだ提案。

③新たな都心軸を路地に見いだし、フェズやサントリーニの迷路を彷彿させた長屋

住宅。

④商店街や長屋のある町全体を共同住宅と見立てた計画提案。

ユニークな発想での多様な住まい方である。どの案についても共通するのは、路地が多角的に捉えられていて住まい方の中心になっていること。そして、長屋的関係づくりとでもいうのか、思いのほか若い人たちがドライな関係よりもヒューマンな関係づくりを必要としている点である。風土性や界隈性といったヒューマンスケールが、若い人たちに再評価されている。客観的にも長屋の形態で培われた集住の知恵であることを再発見させられたのだ。

東京や大阪をはじめ、戦災で多くの長屋住宅が焼失した。しかし、各地にまだ多く残り、多くの人が暮らしていることも事実。六十年を空白にした責任は大きい。一時的な免罪符では済まされない。抜本的に制度の改革が望まれる。資本の論理だけで進められる従来の開発がコミュニティの崩壊を招くことは、阪神大震災の経験からよく知っている。かといって、若干の表面的改修による暫定利用のいささかの延命措置で済まされるのでは虚しい。

空堀地域での活動で述べたとおり、再生された空間とその役割は地域にとって重要である。まずは地域視点での問題を発掘し、地域全体や公的機関も含めてオーソライズされることが必要である。そうした発掘の媒体になりうる市民参画を促した中間組織の活動は大きく期待される。そして各地でのさまざまな長屋リノベーションの模索は、新たな都心居住の姿を予感させる。

参考文献

「日経アーキテクチュア」二〇〇一年十月十五日号
インターシティ研究会編『都心居住　都市再生への魅力づくり』学芸出版社、二〇〇二年
青木仁『なぜ日本の街はちぐはぐなのか』日本経済新聞社、二〇〇二年
大阪都市協会編『まちにすまう——大阪都市住宅史』平凡社、一九八九年
イアン・カフーン、鈴木雅之『イギリス集合住宅と20世紀』服部岑生訳、鹿島出版会、二〇〇〇年
ラスムッセン『ロンドン物語——その都市と建築の歴史』兼田啓一訳、中央公論美術出版、一九八七年
E・モバリー・ベル『英国住宅物語——ナショナルトラストの創始者オクタヴィア・ヒル伝』平弘明・松本茂訳、日本経済評論社、二〇〇一年

既存建物の活用術

用途変更による建築再生の可能性

佐藤考一

不足から余剰へ

日本の都市では、二十世紀を通して、建物はつねに不足していた。都市へ継続的に人口が流入する一方で、震災や戦災によって大量の建物が破壊されたのである。戦後に建てられた建物にしても、社会的な要求水準が急速に変化し、短期間で建て替える必要に迫られたのである。

しかし、現在の日本では建物は明らかに余っている。二〇〇三年、東京都心部で二二七万平方メートルものオフィスビルが供給され、空室率が八・五パーセントを越えたことはいまだ記憶に新しい。地方都市ではオフィスの平均空室率が軒並み一〇パーセントを超えており（表1）、エリアを限定すれば二〇パーセントを超えていることもめずらしくはない。郊外住宅地でも少子化の影響で小学校などが次々と廃校になっている。もはや、問題は建物の「不足」ではなく、その「余剰」なのである。

建物が余っている社会では、新築という建設行為の地位は相対的に低下する。床面積の拡大が不要なのである。建物機能の更新が求められたとしても、それは改修という行為によっても実現可能であ

札幌	11.8%
仙台	12.7%
東京23区	6.9%
横浜	8.9%
新潟	20.6%
金沢	18.3%
名古屋	8.7%
静岡	10.7%
大阪	10.6%
京都	13.7%
神戸	17.2%
広島	13.1%
岡山	13.4%
高松	19.5%
福岡	11.9%

表1　全国主要都市の平均空室率

二〇〇三年十二月　出典：不動産白書二〇〇四

る。しかし、事態はそう単純ではない。

従来から、既存建物の有効活用は大きな社会的課題とされ、これまでにも性能回復のための改修工事が少なからず行われてきた。ところが、社会構造の変化によって既存用途と社会ニーズが齟齬をきたすと、そうした建物改修の動機は発生せず、地域全体の環境も急速に悪化してしまう。

現在、日本のさまざまな都市で、既存建物用途と社会ニーズが乖離している。これこそが、用途変更によって既存建物の利用価値の回復を図る、「コンバージョン」が注目されている理由にほかならない。コンバージョンは、個々の建物のみならず、地盤沈下してしまった中心市街地を再生させる処方箋として期待されているのである。とりわけ、非居住施設から居住施設への用途変更は、産業都市を居住都市へと転換させる契機を秘めており、とくに大きな意義をもつと考えられる。本稿では、こうした建物転用がもたらす可能性について述べてみたい(1)。

コンバージョンと住宅市場

じつは、欧米諸国でも、居住施設へのコンバージョンが本格化したのは比較的最近のことである。

図1

図1・2　9アルバート・エンバンクメント（ロンドン）。ブリティッシュ・スチールの社屋を88戸の高級分譲住宅にコンバージョンしたもの。国会議事堂が眺められるテムズ川沿いに立地。新たにバルコニーが付加され、2階分の増築が行われている。下はテムズ川の見える居間。　撮影・関栄二

図2

図4

図3

コンバージョン 海外の事例

図5

図3・4 メトロ・セントラル・ハイツ（ロンドン）。1963年に建設された元厚生省庁舎で，1990年に厚生省が移転した後、ディベロッパーが1995年に購入してコンバージョンを実施し、442戸の大規模集合住宅に生まれ変わった。図4は保存対象となったエントランスホールのステンドグラス。

図5 コンバージョンによる市営住宅（パリ）。19世紀に建てられた消防署を転用。

図6

図6・7　ホワイツ（シドニー）。タクシー会社スタックス社の社屋兼ガレージであったが、文化財登録がなされており、南側外壁を残す条件でコンバージョンが許可された。上はコンバージョン前、下はコンバージョン後。当初のレンガ外壁は保存されているが、その内側にバルコニーが設けられて彫りの深いファサードに変更され、外観の印象が大幅に変わっている。 撮影・並木憲司

図7

図9

図8

コンバージョン 海外の事例

図10

図8・9 ハイゲート・アパートメント（シドニー）。1972年に建設された高層オフィスビルで、石油会社エッソのオーストラリア本社として使用されていたが、同社が1990年に郊外へ転出して空きビルとなり、コンバージョンが実施された。住戸数は216戸。図８のオフィス時は17階建てであったが10階分の増築が行われ、容積率は950％から1250％へと大幅に増加している。撮影・並木憲司

図10 ディアボーン・タワー・ロフト（シカゴ）。加工肉の冷凍貯蔵庫を316戸の分譲住宅へコンバージョンしたもの。コンクリートの劣化が進行していたため、躯体に表面処理を施し、外壁には全面的にクラッディングが付加された。

図11

図13

図12

コンバージョン　海外の事例

図14

図15

図11・12　ワン・リバー・プレイス（シカゴ）。1920年代に建設されたオフィスビルを240戸の集合住宅に転用した事例。市の登録建築物であり、外観を保つために大通り側と建物四隅にはバルコニーを付加しない条件で許可が下りた。ただし、外観以外は大胆に手が加えられ、７階と８階のみに設けられていた中庭（図12）が、２階まで掘り下げられている。
図13　典型的なロフト・スタイルの住戸（シカゴ）。ウェアハウスと呼ばれる倉庫用中層建築物を転用したもので、高い天井高やむき出しのダクトが室内を特徴づけている。
図14・15　スコヴィル・パーク（シカゴ）。YMCAのスポーツクラブが1990年にコンバージョンされたもの。元々はコの字型の平面形状であったが、駐車場を設けるためにウイングのひとつが解体されてＬ字型の形状に変化している。図15はその住戸内。建物にヴィンテージの味わいがありながら最新設備が整っており、３面採光で明るい。

ロンドン、パリ、シドニー、シカゴなどでは一九九〇年代前半になってからコンバージョンによる住宅供給が本格化したのである。それでは、そうした欧米諸国のコンバージョン事例にはどのような特徴が見られるのであろうか。

海外のコンバージョン事例を見て最初に気づくことは、その多様性である。[2] 転用前の用途・建設年はじつにさまざまであり、転用後の集合住宅にしても、その規模は五戸程度から四百戸を超えるものまでばらついており、利用形態を見ても分譲もあれば賃貸もある。さらには市営住宅などの公共住宅として利用されていることもある。しかし、コンバージョンが住宅市場のなかで果たしている役割を見ると一定の共通性があることに気づく。じつは、この点を説明するのに絶好のエピソードがある。それは、シカゴでインタビューしたコンバージョン居住者（以下、B氏）の住まい探しにまつわるエピソードである。B氏が住む集合住宅はシカゴ市郊外のオークパークにあり、駅から五〇〇メートルという好立地に建っている。もともとは一九〇二年に建てられたＹＭＣＡのスポーツクラブであったが、一九九〇年に二十八戸の集合住宅へと転用された建物である。彼の住戸は二階の前面道路側に位置し、２ベッドルームタイプの間取りで、約二二〇平方メートルの広さがある（図14・15）。

そのB氏は一九九六年にボストンから引っ越してきて、シカゴ近郊の集合住宅にねらいを定めて住まい探しを始めたという。彼によれば、①オークパークという地名に惹かれたこと、②建物にヴィンテージの味わいがある一方で最新設備が備わっていること、③駅に近接していて交通の便がよいこと、④天井が高く三面採光が確保されていて戸建住宅のような雰囲気があること、などがその購入理由である。もっとも、室内はいたって一般的な設えであり、住戸に入った時点では、さほど苦労せずにこの物件を見つけたのであろうと思っていた。ところが、話を聞いてみると、家探しを始めてから二十三件目でようやくこの住戸に巡り会うことができたのだという。

結局、B氏の場合は戸建住宅のような居住環境を集合住宅に求めたことから、大変な苦労をしたようである。こうしてみると、彼がコンバージョンに住むことになったのは偶然のようにも思えてくる。少なくともB氏が意図的にコンバージョン物件を探したのでないことはたしかである。しかし、B氏がコンバージョンに行き着いたのは、必然であったと考えたほうが適切ではないか。おそらく、彼が望んでいた住まいは通常の集合住宅市場には存在しないのである。

コンバージョンへの期待

非居住用途の建物を住宅に転用しようとすれば、さまざまな矛盾に直面することになる。たとえば、有効採光を確保できない大きなスペースが発生することもあれば、柱の配置が効率的な住戸割りを阻むこともあろう。その場合、コンバージョンを実行するには何らかのソリューションを考案しなければならない。減築が必要であれば、減少した貸床面積で成立する事業企画を立案しなければならないし、住戸を高密度に配置できないのであれば、付加価値を高める別の方策を考えなければならない。

このようにコンバージョンでは、既存建物の個別的な制約条件が原動力となって、新築では供給されえない特色のある集合住宅が生み出されるものと考えられる。コンバージョンというスキームは隙間市場に直結するようなメカニズムを内包しているのである。B氏が巡り会った集合住宅はその証左である。条件によっては新築集合住宅と変わらないものも生み出されることであろう。しかし、隙間市場への供給こそがコンバージョンが果たしうる最大の役割なのではないか。

それでは、日本でもコンバージョンはこうした役割を果たしうるのであろうか。その前に、そもそもコンバージョン住宅に住みたい人々が存在するのであろうか。二〇〇二年、この問いに答えるために、東京都心の公団住宅でアンケート調査を実施したのであるが、その結果は意外なものであった(3)。

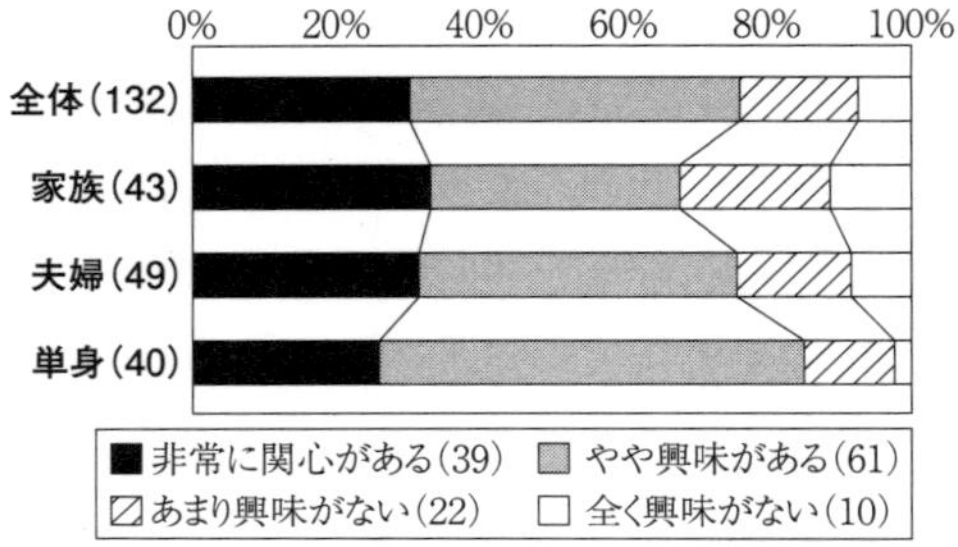

調査対象：都心の公団住宅居住者
アンケート配布数：1000件

図16　コンバージョンへの関心度

図16に示されるように、約三割がコンバージョンの住宅に「非常に関心がある」と答え、「やや興味がある」を含めれば肯定的な回答が四分の三を占めたのである。

この調査の回答率はけっして高くはないが、それだけに回答を寄せた人々は住まいに対して高い関心をもっていると考えられる。そして、こうした居住者に限ってみれば、世帯規模にしても年齢にしてもその属性に偏りは見られず、さまざまな人々がコンバージョンに期待を寄せる結果となっている。

もっとも、この結果が偏ったサンプルにもとづくことは否めない。そこで、東京都・大阪府の隣接県にまで範囲を広げて追調査を実施したのであるが、やはり同様の結果となったのである。

それでは、何故、コンバージョンに期待が寄せられているのであろうか。その主な理由については三つにまとめられる。そのひとつは都心居住がもたらす利便性への期待であり、もうひとつはリーズナブルな住宅への期待である。前者は昨今の都心回帰の潮流をそのまま映し出しており、後者は居住者の立場として当然の回答である。これらは回答の選択肢として用意したものであり、予想の範囲内であったといっていい。

しかし、残りの理由は予想外であった。ある回答者は「マンション・マンションしたマンションには住みたくない」と表現したが、同様の趣旨が自由記入欄に数多く見られたのである。つまり、高い住意識をもった人々は、既存のマンションに強い不満を抱いており、コンバージョンという新しい言葉の響きに住宅の新たなあり方を予感しているのである。このことは、少なくとも東京都心には集合住宅の隙間市場が潜在しており、そこでのコンバージョンは、欧米と同様の役割を十分に果たしうることを示していよう。

日本におけるコンバージョンの検討

それでは、コンバージョンによってどのような集合住宅が誕生するのであろうか。コンバージョン研究の一環として行ったモデル設計を取り上げ、その様子を具体的に確認してみたい。

図17はコンバージョン前後の平面を示している。コンバージョン後の平面を見て違和感を覚える人も多いことであろう。あるいは、「設計者が遊んでいるな」と感じたかもしれない。しかし、この平面はそうした気ままな設計から生まれたものではなく、すべて合理的な判断から導き出されたものなのである。

まず、この建物のオーナーは所有権を手放すことは考えていない。そのため、コンバージョン後は賃貸住宅としての利用という前提条件が発生する。一般的に賃貸住宅の家賃上限は二十万円と考えられている。この付近の家賃相場が一平方メートルあたり約三千円であることから、適切な住戸規模は六〇平方メートル程度が上限になる。つまり、この建物の場合は基準階に三つの住戸を割り付けることが要求される。他方、この建物は一九七四年に建設されているため、構造が建築基準法上は既存不適格であり、コンバージョンの際に耐震補強が要求される。コンバージョン後の平面で網かけ部分が補強のための鉄骨ブレースを示している。

北東部にエレベーターが設置されているので、北側に一住戸、南側に二住戸を設けるとレンタブル比が高く、ほどよい住戸形状が得られることは自明である。しかし、矩形の住戸を割り付けると、鉄骨ブレースで囲まれた住戸Cの浴室付近へのアクセスが不可能になる。この部分をトランクルームとして逃げる方策もあるが、その場合は住宅部分の面積が減少するので、コンバージョン後の収益力が低下してしまう。結局、この部分を住宅として利用するためには、住戸Cの入口付近を湾曲させて動

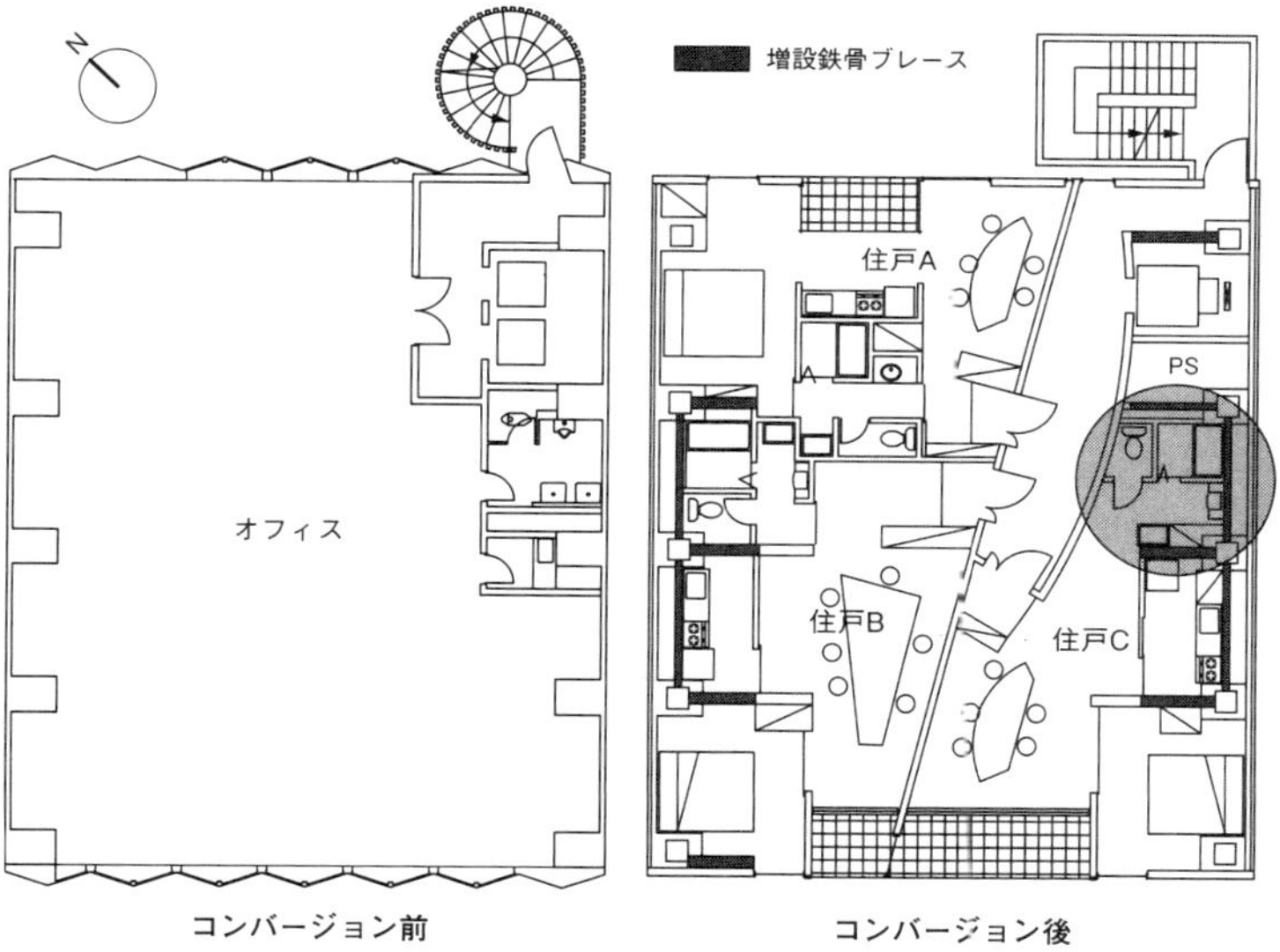

図17　東日本橋Hビルのコンバージョン・スタディ
設計・新堀アトリエ一級建築士事務所

建物データ

所在地	東京都中央区
主要用途	事務所
敷地面積	313.2m^2
建築面積	227m^2
延床面積	2404m^2
基準階床面積	181.9m^2
構造	鉄骨造＋鉄骨鉄筋構造
階数	地下1階地上12階
階高	2800mm
竣工	1974年
改修対象面積	1776m^2

線を確保することがもっとも簡単な方法である。

こうした理由で共用廊下の片方の壁が湾曲することになったのであるが、次の問題はその対面である。当然、同様に湾曲させるという考え方もある。しかし、こうした理由だけで施工単価が二割増しの壁を作ることが妥当とは考えられない。入口にアルコーブを付けるなど数種類の案を作成したが、検討の結果、湾曲壁中央付近の接戦方向に壁を斜行させるというもっとも単純な案を採用することになった。実際、必要な共用廊下幅を確保しながらもっとも広い貸室面積を確保できる方法がこの案である。

こうして住戸Aの共用廊下側の壁は斜行することになり、これが住戸Bと住戸Cの戸境壁へ連続することになる。もちろん、この戸境壁を斜めに伸ばさないで、南北方向に配置することも可能である。しかし、ここまで述べてきたように、耐震補強の余波で住戸Aと住戸Cには矩形の住戸形状を与えることが不適当なのである。とすれば、住戸Bを矩形にすることにもはや積極的理由は見いだせないのではないか。つまり、この建物が住戸を不整形にするメカニズムを内在しているのであれば、それに従うのが設計行為として素直であり、またすべて不整形住戸で構成したほうがコンバージョン後の集合住宅の全体的な特徴になると判断したのである。

おそらく、東日本橋Hビルのコンバージョン設計でデザイン的な遊びというそしりを受けるとしたら、それは住戸Bについてである。しかし、湾曲壁にしても斜行壁にしても、それらが発生した理由は、床の有効活用や工事費節約のためであり、けっして恣意的な形態操作の結果ではない。設計者としては、全体のバランスを考慮して住戸Bを不整形な住戸形状に最終調整した、という意識でいる。

コンバージョンが組み替えるもの

東日本橋Hビルの場合は、耐震改修が制約条件となって不整形住戸の構成という特色をもたらしたが、もちろん制約条件に応じてさまざまなソリューションがありうる。たとえば、都心オフィスの一〇パーセント弱は階高二八〇〇ミリ未満の建物であり、これらは現在の集合住宅の要求水準に達していない。そのため、こうした建物では、一部のスラブを撤去して住戸に吹抜を設けるといったソリューションにも十分な可能性があろう。また、一面接道で採光条件が厳しい場合には、同じ面積でもこれまでより部屋数の少ない住戸が生み出されることであろう。さらに、住棟レベルまで視野を広げれば、子育て支援サービスや高齢者向けサービスなど、脱施設化を求めるサービスがコンバージョン集合住宅に複合する様子も浮かんでくる。ここまでであれば地域ニーズを受け入れただけにとどまるかもしれないが、さらにファサード改修や建物連結などを伴えば、コンバージョンは地域環境の再編成に向けて能動的な役割を果たすことにもなろう。

いずれにせよ、「マンション・マンションしたマンションではない集合住宅」の創出が期待されている。しかし、先の回答者などの居住者から、具体的なイメージが返ってくることはないであろう。明らかにその創出は建築・不動産関係者の役割である。オフィスなどを新たな集合住宅に組み替えるという課題は、建物に関わる専門職能の矜持と能力を問い直していると捉えねばなるまい。もっとも、コンバージョンがもたらす新たな居住環境イメージを膨らましていくと、ひとつの疑問が生まれてくる。はたして、これまでの専門職能の枠組みのままでそれらを実現することが可能なのであろうか。

おそらく、コンバージョンが広く実践されるためには、新築向けに最適化された今日の建築技術を再編集することが必要である。建物再生に適した工事契約のあり方、作業分割のあり方、あるいは設計者と建物利用者を結び付ける新たな窓口のあり方など、建設行為に関わる各主体の関係を問い直し、価値の下落した古い建物を新たなリソースとして再評価する枠組みの構築が求められることであろう。つまり、コンバージョンが求めている組み替えとは、じつは、建設行為そのものに向けられているといえるのではないか。そして、これは、ストック再生に関わる行為全般に通底する課題であるにちがいない。

注

（1）本稿は、拙稿「建築ストックのコンバージョン」（「建築雑誌」二〇〇五年五月号、二八—二九ページ）を加筆したものである。なお、本稿の内容は文部科学省の産学官連携イノベーション創出事業費補助金による「建物のコンバージョンによる都市空間有効活用技術の開発研究（課題番号13401）」の一環として実施された調査にもとづいている。

（2）建物のコンバージョンによる都市空間有効活用技術研究会『コンバージョンによる都市再生』日刊建設通信新聞社、二〇〇二年十月

（3）小畑晴治ほか「コンバージョン住宅に関するユーザーの意識調査——その1～その2」、「日本建築学会大会学術講演梗概集」（東海）、二〇〇三年九月、七五七—七六〇ページ。

飛び地のランドスケープ

平山洋介

都市再生の様相から

メガ・プロジェクトによる〝ホットスポット〟の勃興が二十一世紀初頭の東京を特徴づけている——汐留シオサイト、品川グランドコモンズ、六本木ヒルズ、東京ミッドタウンプロジェクト……。その多くは都心とベイエリアに立地し、超高層の建築を備え、業務・商業・住宅などの複合用途をもつ。グローバル企業の中枢機能、ファイナンス・情報・メディア企業、ブティック・レストラン・カフェ、超高層住宅、アミューズメント施設などが大規模なコンプレックスを構成した。

政府とビジネス・コミュニティは前世紀の末から東京の都市再生に乗り出し、大型の開発事業を推進した（五十嵐・小川、二〇〇三）。不良債権の累積、不動産価格の下落、企業倒産の連鎖、失業率の上昇、所得の不安定化などの状況が「失われた九〇年代」の日本と東京を覆った。日本は経済危機に直面し、その競争力を回復するうえで、「世界都市」東京の再興こそが起爆剤としての役割を担う、という筋書きが組み上がった。東京を改造し、グローバルな都市間競争に参加させるために、政府は民間投資の再開発を奨励し、住宅建設を推し進め、国公有地を売り払い、都市計画・建築規制を緩和した。

　メガ・プロジェクトは周辺地域の文脈から分離し、それ自体において完結するかのような領域を形成した。膨大な投資を呼び入れ、多機能を囲い込んだ建築群は突出したスケールと入念な計画・設計によって自身の特権性を表現する。鈴木博之は大型の開発事業から現れた空間を「混沌とした都会のなかに、ぽっかりと浮かぶ島宇宙」と形容した（鈴木、二〇〇三）。プロジェクトの内側と外側では、資本の投下量、デザインの綿密さ、空間の構成、建築のボリューム・形態・ファサードなどのすべてがきわだって異なる。

　〝ホットスポット〟に建ったタワーマンションは孤立・自足した「飛び地」を形成した（図1）。プロジェクトは周辺地域から水平方向に切断され、上層階の住戸は地上から垂直

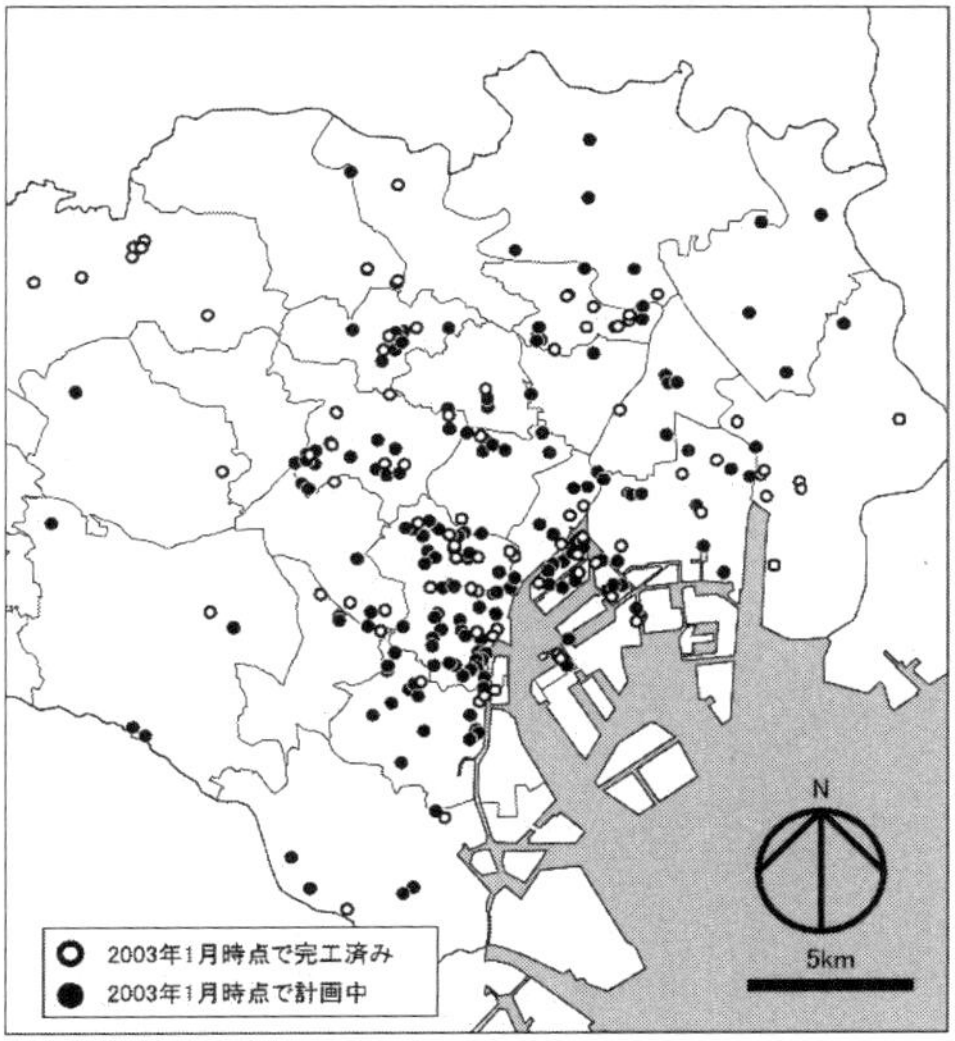

図1　東京都区部におけるタワーマンションの分布

・20階建て以上のマンションを図示。
・不動産経済研究所『超高層マンション資料集』（2003）より作成。

方向に分離する。建物のスケールと形態は近隣との連続性をもっていない。建築は強力なセキュリティ・システムによって囲い込まれ、多数の監視カメラを装備する。旧来の集合住宅では廊下、階段などの共用部分は外気に接していた。大規模かつ超高層の新型住宅は共用部分を建物の内側に収納し、外気から隔離した。プロジェクトは多彩な施設を備え、入居者に「ホテルライク・サービス」を供給する。その建物は単機能の「住棟」ではなく、小さな「都市」と呼びうる複合用途の空間を形成した。トレンディエリアのプロジェクトでは、住棟の内部は美麗にデザインされ、高級ホテルに似た雰囲気をもつ。入居者は「飛び地」の内側だけで暮らしを維持し、外側の社会と空間への接触を避けることが可能である。

郊外住宅地をテーマパークのような〝ファンタジースポット〟として建設する事例が増えた。そのデザインが用いる記号の典型は外国である。リクルート社の住宅情報誌を資料とし、二〇〇二年一月から二〇〇四年六月までの掲載物件から、宣伝文に外国地名などを使用している東京圏の住宅地開発を抜き出すと、その数は百十七件であった。地域名では南欧（十二件）と北欧（七件）が多く、国名ではイギリス（十三件）、アメリカ（十一件）、およびフランス（九件）が多い。より狭域の地名としては、ロマンチック街道、プロヴァンス、コートダジュール、ベルサイユ宮殿、パルテノン神殿などがある。〝ファンタジースポット〟が使用するのはヨーロッパとアメリカの記号に偏し、そのヨーロッパは東欧を含まない。

複数の外国の記号を編集した住宅地がある。「重厚感漂うドイツ風の街並み」と「白を基調とした明るい南欧風の街並み」を並列した住宅地、「コンチネンタルモダン」「チロリアンカントリー」「ブリティッシュトラッド」「スパニッシュナチュラル」「エスニックラグジャリー」「イタリアンカジュアル」を組み合わせた開発などが典型である。相互に脈絡を欠いた記号の群れが「ジャ　マン」住宅の隣に「プロヴァンス」住宅が建つというような光景を生んだ。

〝ファンタジースポット〟とタワーマンションは異質の建築形式にもとづいているが、「飛び地」を構成する点では類似する。周辺地域との分離、豊富な施設の設置、多彩なサービス供給、完結した空間、内側の入念なデザインなどが「飛び地」の特徴である。ある大規模な〝ファンタジースポット〟が東京近郊に完成した。周辺は中小工場の集積地域を形成し、その主な土地利用は工場、倉庫、および資材置き場である。住宅地のデザインは「地中海」を基調とする。ディベロッパーは都市縁辺の工業地域のなかに「地中海」をはめ込み、その販売に取り組んだ。敷地を取り囲む壁のようなマンションは内から外への視線を遮る。敷地の内側に入れば「地中海」のような光景が広がり、周辺の工場と倉庫は視界に入らない。中央部には「スパニッシュ」と「イングリッシュ」を引用した一戸建住宅が建ち並ぶ。プロジェクトは天然温泉、集会室、サロン、シアタールーム、ゲストルーム、託児施設、小売店舗、診療と訪問介護・看護などの多量の施設とサービスをもち、中庭にはウォーターガーデンがある。

深夜の電車に乗ると、大半の人が携帯メールを見たり打ったりしている。若い人たちのメールの打ち方は異様に速い。乗客は電車の内側という空間を共有する。しかし、彼らのコミュニケーションは物理空間には無縁である。モバイルメディアは地理の制約を弱め、私的なコミュニケーションの「飛び地」を拡張した。若者によるメールの相手のほとんど全部は親しい人間である。電車は物的空間を構成し、そのなかの人たちの意識と注意は親密なコミュニケーション空間に向けられる。

新幹線の座席ではノートパソコンを使って仕事を続けるビジネスマンが増えた。プレゼンテーションの準備、報告書の作成といった仕事のようである。失業率の上昇が社会問題になる一方で、労働の長時間化が観察されている。ノートパソコンさえあれば、自宅であろうが、カフェであろうが、ホテルであろうが、仕事を継続できることが一因である（森岡、二〇〇五）。モバイルメディアが受信するメールの大半は仕事に関係する。ビジネスマンはどこにいても仕事空間という「飛び地」の端末につながれている。

人びとの行為は場所の文脈に関連していた――働くのはオフィス、自宅ではだらだらする、映画を見るのは映画館、カフェではコーヒーを飲みながら会話を楽しむ。しかし、モバイルメディアは物理環境の脱文脈化を促進した。新幹線ではポータブルＤＶＤの映画を見ている人がいる。電車のなかではヘッドホンを着けている人が多い。歩きながら音楽を聴き、携帯電話を使って会話し、メールをやりとりする、というような人はめずらしくない。インターネットへの無線接続技術の開発によって、その使用のための場所は限定されなくなった。空間には名前が付いている。空間の名前はその機能を表す――オフィス、住宅、寝室、キッチン、街路……。しかし、モバイルメディアの発達につれて、空間に付いた名前とそこで実際に展開する行為が必ずしも整合しなくなった。ユビキタスな環境とは脱文脈の都市のことである。モバイルメディアを携行する人たちは物的環境の文脈ではなく、情報・コミュニケーションの「飛び地」への接合を求める。

都市再生の新たな課題として重要度を増したのは「安全・安心」の確保である。東京ではセキュリティに鋭敏な場所が増加した（五十嵐、二〇〇四）。監視カメラの放列を配備した商業地区が増え、オフィス地区では警備体制の強度が上昇した。「特別警戒中」「防犯カメラ作動中」といった貼り紙が目に付く。見通しを悪くする樹木と垣根を取り払い、開放性を高めたオープンスペースが増加した。多数の地域組織とボランティアグループが防犯パトロールを開始した。路上禁煙などの行為規制を告知するポスターと看板が目立って増えている。

防犯まちづくりを街の秩序と美観に関わる主題と位置づける考え方が広まった。この背景にあるのは、犯罪の「原因」だけではなく、「機会」の除去を指向する発想である。汚れた建物、うらぶれた景観、公園・街路の死角、侵入しやすい建築などを犯罪誘発の要因とみなし、その削除を課題とする環境整備が始まった。美観と秩序を備えた物的環境の形成が犯罪機会の減少と「安全・安心」に結びつくと仮定されている。

東京都は二〇〇三年に緊急治安対策本部を設け、これに続いて多数の市区が防犯担当部署を新設した。「安全・安心条例」の制定は防犯まちづくりの推進方針を表した。東京都の条例は二〇〇三年に

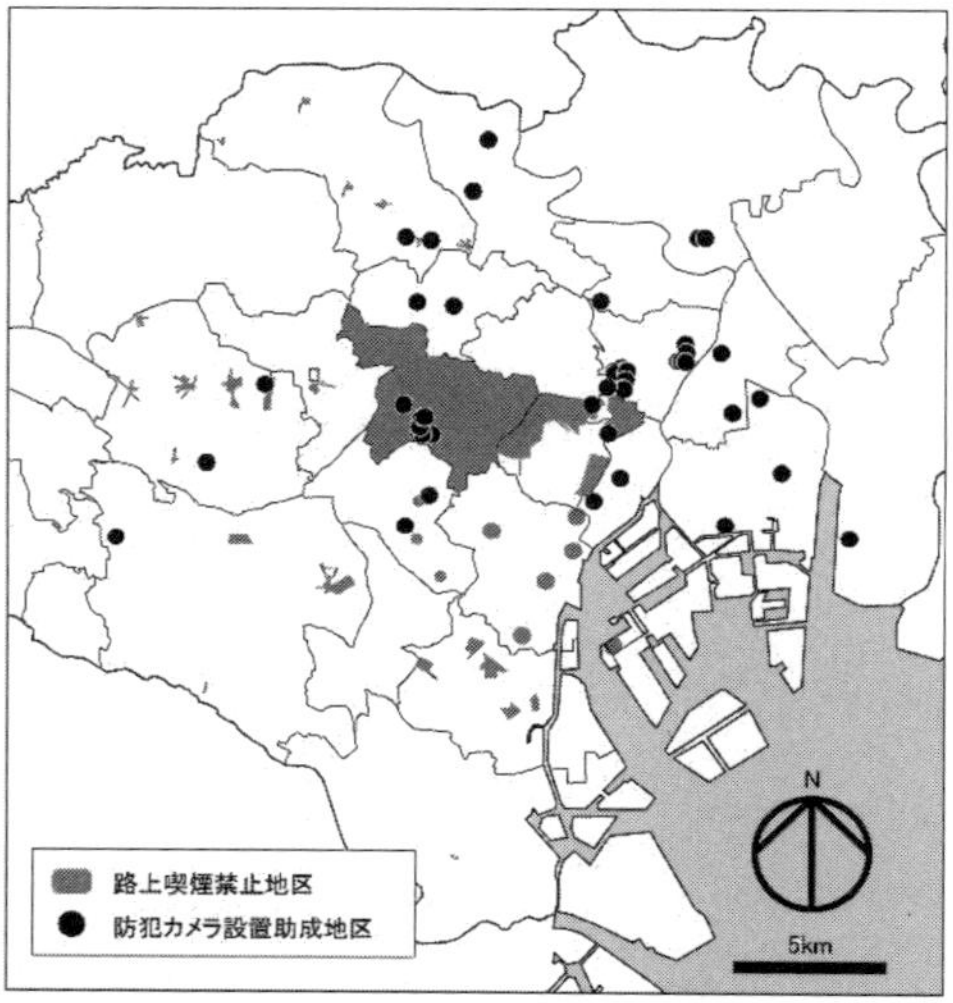

図2　東京都区部における路上禁煙禁止地区と防犯カメラ設置助成地区の分布

・条例による路上喫煙禁止地区を図示。
・東京都防犯設備の整備に対する区市町村補助金交付要綱による防犯カメラ設置助成地区を図示。

成立し、特別二十三区のうち二十一区が二〇〇五年末までに条例を創設した。個別の「安全・安心条例」は異なる名称をもっているが、防犯を主目的とする点において同質である。具体名称の変遷をみると、二〇〇二年ごろまでは「生活安全」の語句を含むケースが中心であったのに対し、それ以降では「まちづくり」という言葉を使った条例が多い。セキュリティとまちづくりの相関を強調する条例名称が増加した。

監視カメラの視線を張り巡らせる「安全・安心」の「飛び地」が増加した（図2）。警視庁は二〇〇二年に新宿歌舞伎町、二〇〇四年に渋谷センター街と池袋西口に街頭防犯カメラを設置した。歌舞伎町のカメラ設置はカメラ普及の端緒となった。警視庁によるスーパー防犯灯の敷設は二〇〇一年の墨田区東向島地区から始まり、八地区に広まった。スーパー防犯灯とはカメラと警察への通報機能を合わせもつ装置である。東京都は二〇〇三年度までは商店街振興策の一環として、二〇〇四年度からは緊急治安対策本部が管轄する補助事業によって防犯カメラの設置を助成した。東京都の補助を受けたカメラ敷設は二〇〇三年度では十四地区、二〇〇四年度では二十六地区に及んだ。

フロンティアの揺らぎ

これらのランドスケープのすべては「飛び地」の形成という同じ現象を表している。公共領域の空間は縮小し始め、コミュニティの保護に力点を置いた空間が拡大した。多様な人たちとの交わりではなく、等質的なグループへの帰属を欲し、社会的な空間ではなく、閉鎖的な空間を求める気分が膨らんでいる。

東京が直面しているのはフロンティアの揺らぎである。都市の成長と拡大が二十世紀を形づくっていた。都市開発の力は未開拓の場所に介入し、人間が利用するための空間を押し広げた。東京の膨張は一八八〇年代に始まり、一九二〇年代に速度を上げ、戦時を除いて継続した。戦後の都市開発はいっそう加速した。農地は宅地に転換し、山林が切り崩され、海面の埋め立てが進んだ。産業施設が整備され、交通基盤が延伸した。郊外住宅地が増え、住宅団地が建ち並んだ。人口が増え、経済が成長し、開発の前線は一貫して拡大していた。「広がる」「延びる」「増える」といった動詞が東京の二十世紀に似合っていた。しかし、二十一世紀の東京は旧来のフロンティアをもっていない。経済の確実さは低下し、人口は減少し始める。建築物はすでに大量に建ち、都市を覆いつくしている。成長と拡大という百年にわたる直線状の道程は終了し、東京の方向感覚はぐらつき始めた。「飛び地」のランドスケープは開発の力が都市の内側に向かう様相を表現する。東京の二十一世紀は建設事業の連発によって幕を開けた。しかし、一連のプロジェクトは新たな空間を切り開くよりは、既存の都市を編集し直すために進行した。「島宇宙」のような〝ホットスポット〟に建つタワーマンションは孤立した空間をつくり、「地中海」のような〝ファンタジースポット〟は記号の群れを囲い込んだ。「安全・安心」のコミュニティは大量の監視カメラを装備した。都市再生をめざす政策は都市全体の構想を描くのではなく、資本吸収の可能なエリアに関心を集中し、そこでのプロジェクトに援助を注ぎ込んだ。開発事業の実施それ自体を重視する「プロジェクト主義」が都市再生の方針を形成した（石田、二〇〇四）。「プロジェクト主義」の政策は空間の連続性を織り上げるのではなく、プロジェクトを都市全体の文脈から切り取り、それ自体において自立させた。旧来のフロンティアを失った東京は「飛び地」の建造によって内側の再編に取り組んでいる。

都市は未知の将来に挑戦するための場所であった。東京には膨大な人口が流れ込んでいた。地方の人びとにとって大都市はフロンティアを意味し、東京は「出ていく先」の場所であった。地方から大都市に移住した人たちは、雇用とライフチャンスを求め、異質の文化と言葉遣いに接し、将来に向かって暮らしを組み立てた。この力の束が前線開発の動力であった。しかし、人口移動の流れは一九七〇年代には狭まり始めた。東京には東京出身者が増えている。人口移動に関する二〇〇一年の調査によれば、東京圏では東京圏出身者が六八パーセントを占め、この比率は若いグループにおいてより高い（国立社会保障・人口問題研究所、二〇〇五）。彼らにとって東京はフロンティアであるよりは、生まれ育った場所である。同調査によれば、東京圏出身者の九〇パーセントが東京圏に住んでいる。東京出身者は「出ていく先」をもっていない。東京に定住する人たちは、異質な人口に接し、未知の未来に挑戦するよりは、コミュニティを形成し、保存しようとする。

「飛び地」の建設は物理環境としての都市だけではなく、情報・コミュニケーション領域に波及した。都市空間と情報・コミュニケーション空間は互いに参照し合い、同型の現象を共有する関係を深めている。インターネット上では情報発信とコミュニケーションを希望するユーザーの媒体がホームページからブログ、ブログからＳＮＳ（ソーシャル・ネットワーキング・サービス）に移ってきた。ＳＮＳは参加メンバーを限定する機能をもち、コミュニケーションの「飛び地」を囲い込む。親しい人間だけで構成するコミュニケーションは「安全・安心」である。モバイルメディアは人間の活発さを刺激し、促進するようにみえる。しかし、活発さの発露は「飛び地」の範囲内に収まっている。携帯電話による若い人たちの通話とメールは「仲間」のコミュニティの内側を行き交い、ビジネスマンのモバイルメディアは仕事空間にしか結合していない。

　都市と情報・コミュニケーションの「飛び地」を渡り歩くようなライフスタイルが現れている。あるタワーマンションでは住戸に到達するためにＩＣカードを四ヵ所で使う必要がある――エントランスとエレベーターホールを抜け、エレベーターを操作し、最後に自身の住戸に入るとき。プロジェクトの内側は記号の編集によってデザインされ、テーマパークのような空間になっている。上層階の住戸から東京の絶景を眺めることができる。住まいは地面から遠く離れ、都市の生臭さには接触しない。リビングルームの壁には監視カメラのモニターが付いている。そのスイッチを入れるとエレベーターホール、廊下、パーキングスペース、エントランスなどの様子が映し出される。入居者は垂直の「飛び地」の内側に住み、コンピュータを通じて外部の「飛び地」とつながる。インターネット上では「お気に入り」のサイトを見て回り、SNSのメンバーとの情報交流を楽しむことができる。コンピュータの画面上にはファンシーな記号が溢れている。物的環境と情報環境の双方がテーマパークのようである。彼らが東京を歩くときは、携帯電話を必ずもち、仕事の関係者と友人との連絡を絶やさない。

都市を切り分ける

旧来のフロンティアが消え果てた東京では、その内側の再編が空間分裂をもたらした。都心とベイエリアのメガ・プロジェクトはゴージャスなランドスケープを編成し、スカイラインを組み直している。〝ホットスポット〟は自然に発生したのではない。都市再生政策という人為の力が再開発のブームを興した。都市計画・建築規制の一連の緩和があってはじめて超高層ビルとタワーマンションの建設が成り立った。六本木ヒルズのプロジェクトを支えたのは三二七パーセントであった容積率が二倍以上の七一九パーセントに上昇するという異様な規制緩和であった。国公有地の売却は民間投資を再開発に呼び入れた。汐留と品川のプロジェクトは大規模な旧国鉄用地を使った。政府セクターと公共企業は基盤整備を担い、ディベロッパーの開発事業を支援した。住宅購入を奨励する政策は低利融資と税制優遇を供給し、住宅市場を拡張した。ディベロッパーのビジネスは自由経済のもとでは成立せず、政府セクターの助力を必要とした。

グローバル経済に連結する「世界都市」では労働市場の構造変容が進み、社会階層の新たな組み立てが空間編成に反映する。サービス・ファイナンス・情報・メディア産業の台頭は管理・専門職と不安定職種を同時に増やした。労働市場のハイエンドでは多国籍企業のマネージャー、大企業のエリート、ファイナンスの専門家、科学者、法律家、情報・メディアの先端技術者らが高水準の所得を稼ぎ出している。〝ホットスポット〟のオフィスと高級住宅は彼らのための場所である。グローバルな都市間競争を重視する政府セクターは、「クリエイティブ・クラス」と呼ばれる階層とその才能を呼び集め、ビジネスの新興領域を支援しようとする（Florida, 2005）。ローエンドに増えた単純労働の事務員、レストランとカフェの労働者、オフィスの警備員、アミューズメント施設の清掃員、ファーストフード店の店員らは不安定な雇用と低い賃金しか得られない。サービス経済の底辺では賃金を引き下げる圧力が不断に加えられる。「クリエイティブ・クラス」と「マクドナルド・プロレタリアート」が働き、住み、憩うための空間は切り離されている。

「世界都市」は旧来の社会的不平等だけではなく、社会的排除を拡大する（岩田・西澤、二〇〇五）。東京の底辺には野宿者が増え、バラックとテントが建ち並ぶ景観を生んだ。東京都福祉保健局の調査によれば、二〇〇五年八月の都内では四千四百四十七人がホームレスの状態にあった。そのうち二千七百十人は公園、八百三十人は河川敷、五百七十五人が道路沿いに住んでいた。野宿の増加は同一社会の内部における不平等ではなく、社会に参加するための通路を失った人びとの増大を示唆した。岩田正美らは野宿者に対する面接調査を重ね、路上生活を生み出す経路と要因を明らかにしている（都市生活研究会、二〇〇〇）。野宿者の多くは中高年の男性である。彼らは、肉体労働の市場縮小、失業、多重債務、家族とのトラブル、疾病、アルコール依存、家賃滞納などを経験し、暮らしの基盤の崩壊に見舞われた。野宿者の住む河川敷から〝ホットスポット〟のスカイラインを見上げることができる。超高層住宅の頂上の住人と野宿者は同一の都市に住み、しかし完全に別個の領域に住んでいる。

タワーマンションという私有領域は孤立し、「飛び地」の住人は都市という公共空間から自らを切り離す。しかし、超高層の建築形式は都市空間に寄生してはじめて成立する。大規模なタワーは膨大な容積を使う。高容積の建築は周辺地域の環境に負荷をかけ、道路混雑、学校需要の急増、日照・通風障害をもたらす。タワーの上層階はグラマラスな眺望をもつ。周辺地域の人びとは超高層の大型建築によって空間の広がりを奪われ、圧迫感を受ける。超高層住宅に隣接するエリアの土地利用を調べると、河川、海面、幹線道路、鉄道、学校、公園などが多い。超高層住宅はそれ自体が大量の容積を使用するだけではなく、隣接する公共施設とオープンスペースの上空を利用することによって成り立つ。タワーマンションは都市空間の文脈とは無関係に自身を囲い込み、しかし公共の空間に依存する。そこに生じるのは、建築が都市を支え、都市が建築を支えるという関係ではなく、あるいは私有領域と公共空間が支え合う関係ではなく、一方的な寄生の関係である。

トレンディエリアの空を買い、そこに住むことは、タフな「世界都市」を生き抜いた証しという意味をもつようである。そのイメージが空中のマーケットを膨らました。建築学・社会学・保健学の研究者たちは住宅の「良い／悪い」を評価する仕事に取り組み、実証研究を踏まえて高層住宅居住の難点を指摘してきた。火災時の危険が大きく、防犯上の死角が多い。免震構造の建物が増えているとはいえ、地震時の揺れによる被害は大きい。長周期地震動に対する建築上の対策は始まったばかりである。高層階に住む世帯は屋外に気楽には出られない。住戸内では母子が過度に密着し、それが子どもの発達を遅らせる。高層階居住が精神健康へのストレスになっている可能性がある。巨大な超高層住宅の維持・管理、および将来の建て替えに関わる課題は未知の領域にある。しかし、住宅の「良い／悪い」を判断するうえで実証研究の影響力は限られている。「世界都市」において何が「良い／悪い」住宅なのかはマーケットが決定し、マーケットを動かすのはイメージである。ディベロッパーは超高層の建築群を擁するニューヨークと香港に言及し、そこでのスカイラインとライフスタイルのイメージを使って東京改造の方向性を暗示ないし明示することがある。香港とニューヨークが地震被害にほとんど無縁であることへの言及は稀である。

焼畑農業の果て

都心の〝ホットスポット〟では住宅市場のブームが拡大した。これに対し、郊外と縁辺部では市場がスランプに陥ったままの〝コールドスポット〟が広がった（Hirayama, 2005）。高度成長期の東京は成長し続け、その住宅市場は一貫して拡大していた。バブル期ではすべての住宅の価格が高騰し、ポストバブル期には住宅価格の全体が下落した。しかし、二十一世紀初頭の東京ではブームとスランプが同時に発生した。都市の全域が同じ方向を向く時代が終了し、不動産市場の差異が空間を切り分ける状況が現れている。

〝コールドスポット〟では不動産の値崩れが続き、キャピタルロスが膨れ上がった。住宅金融公庫の融資を受けた七〇平方メートルの新築マンションは一九九一年では平均五千五百七十九万円であった。その価格は二〇〇三年では千九百十一万円にまで値下がりし、三千六百六十八万円におよぶ評価損を生んだ（図3）。郊外立地のマンションは市場競争力を失った。その住人は膨大なキャピタルロスに見舞われ、市場価値が大幅に下落した住まいのためにローン返済を続けている。

ポストバブルの住宅資産が不安定化した要因はバブルの破綻だけではない。住宅建設の過剰が住宅資産のデフレーションを加速した。〝ホットスポット〟の住宅市場のブームは〝コールドスポット〟をいっそう冷やす効果をもつ。都心の住宅供給は郊外の住宅市場から需要を抜き取り、そのスランプを深めざるをえない。政府の都市再生政策が〝ホットスポット〟を形成し、そこでの住宅市場の拡張は〝コールドスポット〟のキャピタルロスを代償とした。この意味において、ブーム／スランプの双方は人為的な発明物である。

住宅建設は戦後日本の経済成長を牽引するエンジンであった。東京では急激な人口流入によって深刻な「住宅不足」が生じていた。政府は住宅建設の拡大によって膨大な住宅需要に対応し、同時に経済を刺激しようとした。住宅の着工だけではなく、滅失が増大したことに注意する必要がある。住まいを建て、壊し、そしてふたたび建て、という「スクラップ・アンド・ビルド」のサイクルが住宅需要を生み続けた。住宅建設は旺盛に進展し、一九八〇年代には「住宅余剰」の時代が始まった。都市

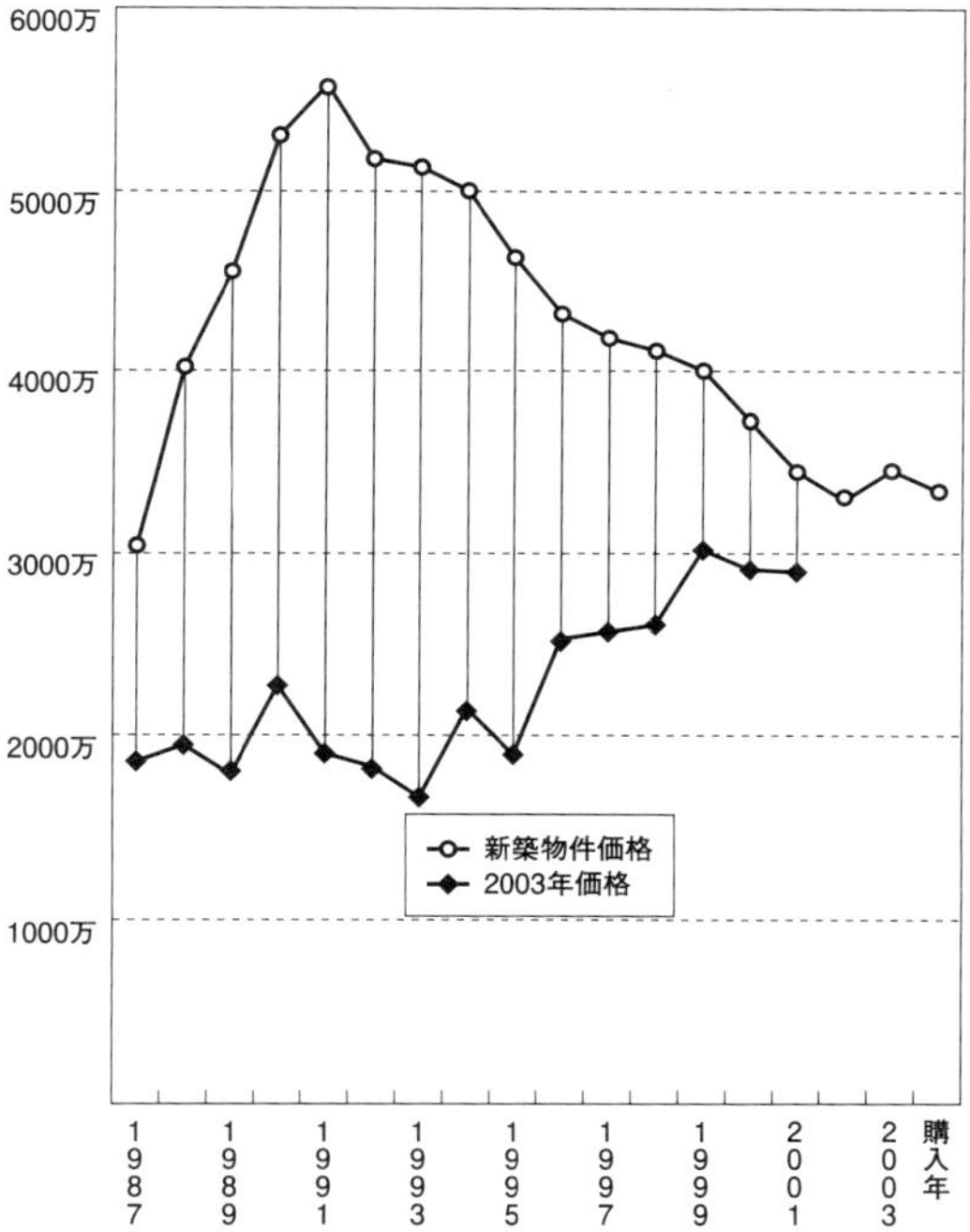

図3　公庫融資マンションの評価損（東京70km圏）

・住戸面積を70㎡として計算。
・（財）住宅金融普及協会『公庫融資利用者調査報告』より作成。

化の沈静によって住宅需要は減退し、空家率が上昇した。しかし、ポストバブルの政府は景気対策のために住宅建設を増やす政策を続行した。「住宅不足」の時代の政策はそのまま「住宅余剰」の時代に適用され、住宅の過剰建設が住宅価格の低落を増幅した。

日本の住まいの特質は、その価値が竣工の瞬間に最高値を示し、それ以降は落ち続けるという点にある。住宅建設と経済刺激を関連づけ、「スクラップ・アンド・ビルド」を繰り返すシステムのもとで、住宅ストックは安定せず、短い寿命しか与えられなかった。住まう行為の積み重ねが住まいの価値を高め、年月の経過が建築の価値に転化するという関係はみられない。建築を使い捨てる経済と文化が都市変化の道程を形成した。地価が上昇していた時代では、不動産の使用価値は低下したにせよ、交換価値は増大した。しかし、バブル経済は破綻し、住宅建築は建った瞬間から使用価値と交換価値の双方を失い始めた。

松本恭治はマンション市場の分析を重ね、郊外立地の中古マンションが「ゴーストタウン」化する可能性を指摘した（松本、二〇〇六）。松本が言うように、建物を使い捨て、新しい建築を建て続け、市街地が無秩序に伸びきった様子は「焼畑農業」を連想させる。都心に比べて、郊外では一戸建住宅とマンションの住戸面積の格差が大きい。一戸建住宅に比較したマンションの市場競争力の弱さは郊外において顕著である。立地の不利な中古マンションでは空家の急増、維持・管理の困難・放棄、市場価値の極度の低下などの問題が生じる兆候がある。「焼畑農業」の果てにマンションの残骸が「ゴーストタウン」を生むことがありえる。

旧来のフロンティアが消え、人口減少が始まる東京では、住宅建設を大規模に続行することはむずかしい。建築需要の必然の縮小が開発を失速させると予測するのが素直である。しかし、「スクラップ・アンド・ビルド」の延命のための試みはある。再開発とマンション建て替えを後押しする法制度が整備された。経済界は老朽建築の更新による新たな市場形成に期待を寄せている。日本経済団体連合会は二〇〇三年に住宅政策に関わる提言を発表した。この提言は幅広い内容を含んではいるが、住宅建設・投資の促進、建て替えの推進、民間住宅ローンの市場拡大に対する政策支援を求めるところに主眼をもつ。建築の新耐震基準は一九八一年に施行され、それ以前に建った住宅は約二千百万戸に及ぶとされる。この建て替えによる新たな「スクラップ・アンド・ビルド」、および耐震改修の必要性が主張された（日本経済団体連合会、二〇〇三）。

見張る／見張られる

「安全・安心」政策による公共空間の行為規制は「見張る側」と「見張られる側」を区分けした。東京の都心部では路上喫煙を禁止する「飛び地」が増加した（前掲図2）。そこでは喫煙者は「見張られる側」の人間という意味づけを受ける。千代田区が二〇〇二年に制定した条例は路上喫煙と吸い殻のポイ捨てに過料を科す区域を指定した。過料は刑事罰ではなく、行政罰による金銭罰である。刑事罰が込み入った手続きと司法過程をともなうのに対し、行政罰は行政判断だけで手軽に科される。千代田区に続いて、品川・大田・板橋・杉並・葛飾区などが路上喫煙とポイ捨てに対する過料の規程を条例に盛り込んだ。行為規制の施策がターゲットに据えるのは喫煙者だけではない。条例が禁止行為として列挙した項目は「飼い犬の放し飼い」「飼い犬のふんの放置」「落書き」「置き看板放置」「のぼり旗放置」「粗大ゴミ放置」「ビラの散乱」「不要なアイドリング」などの多岐にわたる。

東京都は青少年を「見張られる側」に配置し、その「健全育成」のための施策を増強した。緊急治安対策本部は二〇〇五年に廃止され、それに代わって青少年・治安対策本部が発足した。この組織名称は「青少年」の取り締まりを「治安対策」とみなす方針を表す。東京都が設けた万引き防止協議会、青少年の性行動について考える委員会、非行防止・犯罪の被害防止教育の内容を考える委員会などは青少年の行為規制についての方策検討を重ねた。「不良外国人」は「見張られる側」に位置づけられる。法務省入国管理局・東京入国管理局・東京都・警視庁は不法滞在外国人対策の強化に関する共同宣言を二〇〇三年に発表した。野宿者が配置されるのは「見張られる側」である。公園・街路などの公共空間では寝転がれないように設計されたベンチが普及した。野宿者の滞留防止を意図したデザインである。行政はより幅広い行為規制をめざし、より多彩なカテゴリーの人びとを「見張られる側」に挿入しようとする兆候を示している。東京都は多数の人びとが「迷惑」「不快」「自己中心」と感じる行為に関する防止策の検討を二〇〇五年に開始した。

行為規制の施策はその直接目的の範囲を超える威力をもつ。路上喫煙を規制する条例のねらいは、火のついた煙草による危険と受動喫煙の防止にあった。路上禁煙の地区内では、人気の少ない場所でさえ、喫煙は違法行為となる。大多数の人びとは自身の住宅に住み、そのなかで自由にふるまうことができる。野宿者は自宅をもたないがゆえに、その行為の大半は公共空間において展開する。寝転がれないベンチを増やし、公共空間での行為を制限する施策は、多くの人びとにとっては微小な行為規制しか意味しないのに比べ、野宿者に対しては、休息・就寝場所の削減をもたらし、その存在自体を否定するメッセージさえ仄めかす。東京都が検討を開始した「迷惑」「不快」「自己中心」行為の規制は、これらの言葉の定義が操作可能であることから、直接目的が何であるにせよ、制限行為の範囲を拡張する可能性をはらむ。

行政・警察セクターが「安全・安心」の都市再生を強行しているのではない。人びとの多くが「安全・安心」のための施策を望み、その推進を支持している実態がある。東京都の「都民生活に関する世論調査」は都政要望に関する選択肢を設けている。「防犯」の選択率は一九九八年から二〇〇一年までは八―十一位であったのに比べ、二〇〇三年に四位に上昇した。「防犯」の選択肢は二〇〇四年に「治安」に置き換えられ、その選択率は一位となった。「治安」こそは都民の望む最優先の対策項目である。

治安を揺るがすような犯罪増加の事実は存在しない。統計によれば、一般刑法犯の認知件数は増加し、検挙率は低下した。統計数値を根拠とした治安悪化の喧伝がある。しかし、多くの専門家が統計の読み方に注意を促している（遠藤・白藤・浜井・田島、二〇〇三、河合、二〇〇四）。河合幹雄の分析によれば、一般刑法犯の発生率の上昇は自転車盗のような軽微な犯罪によるところが大きく、暴力的犯罪（殺人・強姦・傷害・暴行・脅迫・恐喝）の発生率は一九八〇年代から一九九〇年代前半にかけて大幅に低下し、その低下の程度は「世界史上に残る記録であると思われる」ほどである（河合、二〇〇四、四二）。傷害・暴行・脅迫・恐喝の認知件数は二〇〇〇年ごろに増えた。しかし、これらの増加は統計の採り方の変化に起因する。犯罪の通報を受けた警察は、逮捕の可能性が低いときは、通報を「前さばき」し、認知件数に含めるとは限らなかった。この「前さばき」を二〇〇〇年ごろに取り止めたことが認知件数の増加となって統計に現れた。検挙率は低下しているが、検挙人員に大きな変化はない。検挙人員の維持は警察が検挙能力を保っていることを表す。検挙率とは認知件数に対する検挙件数の比率である。「前さばき」の排除によって認知件数が増えれば、検挙率は低下せざるをえない。河合によれば、「客観的数値という面からは、治安の悪化等を論ずるのは、見当はずれもはなはだしい」（河合、二〇〇四、七二）。

しかし、犯罪に対する人びとの不安感は増した。内閣府が二〇〇四年に行った「治安に関する世論調査」の結果によれば、「日本は安全な国か」という問いに「そう思わない」「あまりそう思わない」と答えた者が五四・七パーセントと半数を超え、犯罪に関して「不安になること」が「多くなった」「どちらかといえば多くなった」と思う者が八〇・二パーセントに達した。不安感が拡大すれば、犯罪の客観情勢の如何にかかわらず、治安対策を欲する意識が高まる。

不安の増量の要因については、マスメディアによる犯罪報道のあり方、近隣交流などのローカルメディアの衰退、それによるマスメディアの影響力の増大、長期におよんだ不況と失業の増加などが指摘されているが、実証をともなう説明は提出されていない。明らかなのは、恐怖の感覚は恐怖の対象に関する事実認識だけではなく、イメージに起因するという傾向である。野宿者が他者に危害を加える事例は皆無に近く、頻繁に襲撃を受けているのは野宿者の側である。犯罪と外国人を関連づける報道と言説がある。しかし、外国人が受ける犯罪被害は注目を集めない。野宿者と外国人に対する加害者のイメージの植え付けがある。防犯対策はその効果についての実証的な検討を踏まえるとは限らず、イメージにしかもとづいていないことがある。監視カメラの犯罪抑止効果は不明瞭である。しかし、カメラ設置を求める声が強まった。マンションのセキュリティとオートロックドアの数に相関があるのかどうかを実証するデータは存在しない。しかし、オートロックドアを増やせば不動産の商品価値は上昇する。

「安全・安心」における「安全」と「安心」を別次元の要素として捉えるならば、人びとは「安全」それ自体だけではなく、「安全」に関わる「安心」を求めているようにみえる。「安全」の条件は維持され、しかし「安心」の程度は低下した。「安全」と「安心」が異なる次元に位置しているのであれば、「安全」対策に傾いた環境整備が「安心」に結びつくとは限らない。監視カメラの放列が形成する景観は、「安全」のための取り組みを表現しているにせよ、「安心」を育むとはいえず、不安を感じさせる効果さえもっている（五十嵐、二〇〇四）。樹木を取り払ったオープンスペースは、そこに集まる人間が少なければ、不気味な光景を生むだけである。「特別警戒中」の貼り紙、野宿者を排斥するベンチ、多彩な禁止行為を告知する看板などは、伸びやかな気分をもつことを許そうとしない。物理環境の操作によって「安全」を確保しようとする施策が「安心」に貢献したのかどうかが検証されてよい。

フロンティアは何処に

都市に生成する空間が深みをもっているのは、複数の欲求と声が複雑に絡み合っているからである(平山、二〇〇三)。都市の将来をどのように構想するのかという問題を取り巻いて、多数の力が出会い、衝突、交渉、抵抗、懐柔、取引などの関係を錯綜させてきた。複数の声が競合すれば、込み入った摩擦が生まれ、多くの欲求は妥協と譲歩を強いられる。しかし、この複数性と複雑性は都市にとって大切な価値である。単一の欲求だけが完全に実現することはなく、単独の声だけが純粋に浸透することはない。異質の考え方が接触せず、競合と摩擦が起こらず、妥協と譲歩が生まれない、というような都市の構想は不可能かつ不要である。複数の力の入り組んだ関係こそが都市に奥行きを与えてきた。

都市の空間に宿るのは多重の葛藤である。人びとは選択、解放、移動、混沌……を欲し、しかし同時に、統制、帰属、定着、秩序……を求める。ある人は移動と混沌に焦がれ、別の人は定着と秩序を願う。同一の個人の欲求さえ一貫していない。移動と定着の双方への憧憬を同時に有している人間は数多い。都市に住む人びとは、一方においてノスタルジーに浸り、他方では新たな機会に向けて躍動する、というような両義的な過程を生きてきた。都市の空間が深みをもち、魅惑をたたえるのは、漂泊／定住、挑戦／安定、進歩／望郷、普遍／特殊……といった矛盾した関係を受け入れるからである。都市は簡明な欲求を映し出すのではなく、葛藤の積み重ねによって織り上げられる。

東京に増えた「飛び地」はセキュリティとデザインの極端さをともなった。あるタワーマンションは約二千戸の住戸のために百六十台の監視カメラを備えた。〝ファンタジースポット〟では「フランス風」住宅から「カリフォルニア風」住宅までが並べられた。「安全・安心」の「飛び地」では「飼い犬の放し飼い」から「落書き」に至るこまごまとした行為が暗黙の社会了解のレベルではなく、法制度レベルの成文禁止事項となった。ナン・エリンは「恐怖の建築」が増える傾向に注意を促している（Ellin, 1996）。監視機能をもつショッピングモール、インターネット上の仲間内の空間、テーマパーク、オカルト空間……など、現実の都市との接触を回避するための空間がエリンの言う「恐怖の建築」である。この種の「建築」には防御姿勢と親密さ、純粋さの過剰がある。

住宅・建築・都市設計の領域では空間を開くのか、閉じるのか、は悩ましい問題を構成してきた。外気に触れたい／外気から守られたい、コミュニティに参加したい／プライバシーを大切にしたい、外につながりたい／内にこもりたい、という葛藤がある。この悩ましさを「割り切る」のではなく、場面に応じて複眼の解法を編むことが、「開く／閉じる」を精妙にバランスさせ、あるいは両立させ、都市の魅惑を支えてきた。しかし、「飛び地」のデザインは葛藤との付き合いを省略し、空間を閉じる方向に「割り切って」いる。

都市は「開く／閉じる」の二重性を持続する限りにおいて都市である。人間の暮らしにとって「飛び地」は必要である。親しい人と会話する時間、緊張と無縁の空間があってはじめて暮らしが成り立つ。「飛び地」をもたず、孤立している人たちにとっては、「飛び地」の形成こそが課題である。しかし、都市に「飛び地」が増え続け、人びとが「飛び地」に閉じこもってしまうとすれば、その都市を都市と呼び続けることは困難である。「飛び地」に所属すると同時に「飛び地」から出て都市と付き合い、「飛び地」を保全するだけではなく、「飛び地」を社会領域に接続するような、そうしたバランスの形成が求められる。ケビン・ロビンズは都市に流れ込む「異なる人びと」を「見知らぬ天使」と呼んだ（Robins, 1995）。「見知らぬ天使」は都市に対して混乱と不安を持ち込むと同時に、刺激と興奮、未知の人たちへの憧憬をもたらす。「見知らぬ天使」の両義性こそが都市の空間を特徴づけている。

都市再生の力の背後には不安と焦慮の感覚がある。東京と日本の二十一世紀初頭を覆ったのは将来の不確実さに対する意識の拡大であった。伝統的なフロンティアは消え、成長と拡大の道程は終了した。人口は減少し、その少子・高齢化がいっそう進む。社会と経済が揺れるなかで、将来を予見する仕事は困難になっている。何を目標とし、そこに向かう道筋をどのように敷設するのか、という設問に対する答えは容易には見つからない。馴染みの前線が消えるとき、苛立ちの気分が広がり、新しいフロンティアを渇望する感覚が芽生える。しかし、将来の予測可能性が低下し、社会・経済の不確実さが増しているからこそ、都市の複雑さと交際し、その深みをいっそう大切に扱うべきではないか。焦慮の気分が生むのは、単調かつ極端な空間を建造しようとする力である。都市の将来を想像するには、そのあり方を「割り切る」のではなく、複数の考え方を競わせ、複眼の思考を鍛える必要がある。

引用文献

Ellin, N. , *Postmodern Urbanism*, Oxford: Blackwell, 1996.
遠藤比呂通・白藤博行・浜井浩一・田島泰彦「「監視社会」に向かう日本と法――その動向・背景・特質・課題を探る」、「法律時報」二〇〇三年十一月号
Florida, R., *Cities and the Creative Class*, London: Routledge, 2005.
平山洋介『不完全都市　神戸・ニューヨーク・ベルリン』学芸出版社、二〇〇三年
Hirayama, Y. , Running Hot and Cold in the Urban Home-Ownership Market, *Journal of Housing and the Built Environment*, 20（1）, 2005.
五十嵐敬喜・小川明雄『「都市再生」を問う』岩波書店、二〇〇三年
五十嵐太郎『過防備都市』中央公論新社、二〇〇四年
石田頼房『日本近現代都市計画の展開――一八六八―二〇〇三』自治体研究社、二〇〇四年
岩田正美・西澤晃彦編『貧困と社会的排除――福祉社会を蝕むもの』ミネルヴァ書房、二〇〇五年
河合幹雄『安全神話崩壊のパラドックス――治安の法社会学』岩波書店、二〇〇四年
国立社会保障・人口問題研究所『第５回人口移動調査（二〇〇一年社会保障・人口問題基本調査）――日本における近年の人口移動』二〇〇五年
松本恭治「集合住宅のゴースト化への変貌要因」、「都市問題」二〇〇六年六月号
森岡孝二『働きすぎの時代』岩波書店、二〇〇五年
日本経済団体連合会『「住みやすさ」で世界に誇れる国づくり――住宅政策への提言』、二〇〇三年
Robins, K., Collective Emotion and Urban Culture, In P. Healey（ed.）*Managing Cities*, New York : John Wiley and Sons, 1995
社会安全研究財団『犯罪に対する不安感等に関する調査研究』二〇〇五年
鈴木博之「超高層という「島宇宙」――都市変貌の最終局面」、「中央公論」二〇〇三年八月号

都市生活研究会『平成11年度路上生活実態調査』二〇〇〇年

＊ 初出「Mobile Society Review 未来心理」5号、二〇〇六年三月

あとがき

日本の建築学科は工学部に所属し、いわば工学的な存在だが、その意味は社会の状況によって変わる。ときには政治の道具にもなるし、芸術的な存在としてもみなされるだろう。建築は不純なジャンルである。どこまでの強度を確保すれば、安全かどうかの基準も絶対的なものではない。その線引き自体が時代や地域によって変動している。ましてや９・11のようなジェット機の突入を目撃した後、絶対に安全な建築を信じられるだろうか。正確に言えば、リスクの相対的な差だけがある。

耐震偽装の問題の後も、東横インの不正改造など、世間を揺るがす建築絡みの事件が続く。いずれも社会的な制度との関係をめぐって問題が顕在化したものだ。つまり、必要とされる強度、あるいはバリアフリーの基準を破ったことに端を発する。むろん、確信犯的な違反は批判されるべきだが、メディアは漠然とした不安を煽るとともに、犯人探しにやっきであり、ハードルそのものの意味はあまり問われていない。ルサンチマンのはけ口として、こうした事件を消費すべきではない。いったい、われわれは何を恐れているのか。

セキュリティに関しても似たような事態が進行している。メディアの報道では、日本の安全神話は崩壊したかのようだが、犯罪の統計によれば、殺人は一九八〇年代の半分程度にまで減少し、少年による殺人も世界水準に比べてきわめて少ない。また三菱自動車の欠陥が発覚した後、突如、毎日のように日本各地で同社の自動車が炎上する事故が報じられた。世間の注目を浴びたときだけ、事故が連続することは統計的にありえない。実際は三菱以外のメーカーも含めて、日本では毎年八千件以上の車両火災が起きている。バッシングの状況になったときだけ、メディアはスポンサーにきがねすることなく報じていたのだ。シンドラー社の死亡事故によって注目されたエレベータの誤作動も同様だろう。

むやみなバッシングは一時的に視聴者の溜飲を下げるだろうが、飽きるとすぐに次のターゲットを探すだけで、けっして生産的ではない。へたをすれば、恐怖の感情に流され、既存の建物のスクラップ・アンド・ビルドを加速し、とり返しのつかない都市の資産を失うかもしれない。まずは、われわれの不安の根源を冷静に理解するための議論や客観的なデータが必要だろう。そのうえで建築と都市に対し、どのように向きあうかを思考すること。耐震偽装の投げかけた問題は、欠陥住宅を見つけるマニュアル本ですむような射程の狭いものではない。ゆえに、本書は、その手がかりとすべく、構造論、文化論、リノベーション、街づくりなど、地震に絡む諸問題を多面的な視点から考察する論文を収録した。

最後に執筆を快諾していただいた寄稿者の方々、また「現代思想」に収録された拙論「見えない震災」に目を通し、本書の企画を提案していただき、実現にまで導いていただいたみすず書房の編集者、遠藤敏之さんに感謝の意を表したい。

二〇〇六年八月一日

五十嵐太郎

倉方俊輔（くらかた・しゅんすけ） 1971年東京都生まれ。99年早稲田大学大学院理工学研究科博士課程修了。建築史家。著書『吉阪隆正とル・コルビュジエ』（王国社2005）、共著『伊東忠太を知っていますか』（王国社2003）『吉阪隆正の迷宮』（TOTO出版2004）『ル・コルビュジエのインド』（彰国社2005）『住宅70年代・狂い咲き』（エクスナレッジ2006）ほか。

松原永季（まつばら・えいき） 1965年京都府生まれ。92年東京大学大学院工学研究科建築系修了。同年Team ZOO いるか設計集団入社（－2001）。阪神・淡路大震災後、「白地地区」の震災復興まちづくり支援にかかわる。2000年studio CATALYST（スタヂオ・カタリスト）開設。以後、建築の設計と平行して、住民主体のまちづくり、村づくり、森づくり等の支援コンサルタント業務に携わる。兵庫県ヘリテージマネージャー（歴史文化遺産活用委員）。

松富謙一（まつとみ・けんいち） 1967年大阪府生まれ。91年大阪芸術大学建築学科卒業。ヘキサを経て2001年「CASE／まちづくり研究所」を共同設立。2005年「ロジモク研」設立。長屋すとっくばんくねっとわーく（企）代表理事。作品「京都町屋レストラン改修」（2002）「空堀長屋改修型デイサービスセンター」（2003）「東中島定期借地権付コーポラティブ住宅」（2003）「日之出保育所改修」（2005）ほか。

佐藤考一（さとう・こういち） 1966年栃木県生まれ。97年東京大学大学院工学系研究科建築学専攻博士課程修了。東京大学大学院工学系研究科学術研究支援員（2001-04）。2001年佐藤建築計画室設立。A/E WORKS監事。共著『コンバージョンによる都市再生』（日刊建設通信新聞社2002）『初学者の建築講座　建築計画』（市ヶ谷出版社2004）『性能別に考えるS造設計［構法・ディテール］選定マニュアル』（エクスナレッジ2006）、編著『20世紀建築研究』（INAX出版1998）『コンバージョンが都市を再生する、地域を変える』（日刊建設通信新聞社2004）ほか。

平山洋介（ひらやま・ようすけ） 1958年大阪府生まれ。88年神戸大学大学院自然科学研究科博士課程修了。神戸大学発達科学部教授。住宅・都市計画専攻。著書『コミュニティ・ベースト・ハウジング――現代アメリカの近隣再生』（ドメス出版1993）『不完全都市　神戸・ニューヨーク・ベルリン』（学芸出版社2003）『東京の果てに』（NTT出版2006近刊）、共著 *Housing and Social Change: East-West Perspectives*（Routledge 2003），*Comparing Social Policies: Exploring New Perspectives in Britain and Japan*（Policy Press 2003）編著 *Housing and Social Transition in Japan*（Rootledge 2006 近刊）ほか。

五十嵐太郎（いがらし・たろう） 編者略歴参照。

執筆者紹介

金箱温春（かねばこ・よしはる）　1953年長野県生まれ。77年東京工業大学大学院総合理工学研究科修了（社会開発工学専攻）。横山建築構造設計事務所を経て92 年金箱構造設計事務所設立。東京大学、東京工業大学、神奈川大学非常勤講師。構造設計作品「福島潟自然生態園（遊水館・潟博物館）」（1997／日本建築構造技術者協会賞／設計・青木淳建築計画事務所）「京都駅ビル」（1997／設計・原広司＋アトリエファイ建築研究所）「兵庫県立美術館」（2001／日本免震構造協会賞／設計・安藤忠雄建築研究所）「御所野縄文博物館」（2002／東北建築賞／設計・仙田満＋環境デザイン研究所）「豊栄市立（現・新潟市立）葛塚中学校」（2004／松井源吾賞／設計・安藤忠雄建築研究所）ほか。

青木茂（あおき・しげる）　1948年大分県生まれ。71年近畿大学九州工学部建築学科卒業。建設会社等を経て77年設計事務所設立。90年株式会社青木茂建築工房に組織変更。2001年一連のリファイン建築作品により日本建築学会賞・業績賞受賞。作品「宇目町役場庁舎」（1998／グッドデザイン賞、エコロジーデザイン賞、BELCA賞）「八女多世代交流館」（2001／福岡県美しいまちづくり賞大賞）「八女市立福島中学校」（2004）「IPSE都立大学」（2005／グッドデザイン賞）「佐伯市蒲江・海の資料館」（2005）「福岡市農業協同組合本店ビル」（2005／福岡市都市景観賞）ほか。著書『リファイン建築へ』（建築資料研究社2001）、編著『まちをリファインしよう』（建築資料研究社2005）ほか。

竹内昌義（たけうち・まさよし）　1962年神奈川県生まれ。89年東京工業大学大学院理工学研究科建築学専攻修了。ワークステーション一級建築士事務所を経て91年竹内昌義アトリエ設立。95年より「みかんぐみ」共同主宰。東北芸術工科大学建築・環境デザイン学科助教授。作品「NHK長野放送会館」（1997／東京建築賞奨励賞）「SHIBUYA-AX」（2000／JCDデザイン優秀賞）「KH-2」（2001／JCDデザイン優秀賞）「八代の保育園」（2001）「神楽坂の家」（2001）「北京建外SOHO低層部商業施設」（2003）「愛・地球博トヨタグループ館」（2005）ほか。共著『団地再生計画／みかんぐみのリノベーションカタログ』（INAX出版2001）『POST-OFFICE ワークスペース改造計画』（TOTO出版2006）ほか。

南泰裕（みなみ・やすひろ）　1967年兵庫県生まれ。97年東京大学大学院工学系研究科建築学専攻博士課程単位取得退学。同年アトリエ・アンプレックス設立。作品「PARK HOUSE」（2002）「三丁目カフェスーペ」（2005）「南洋堂ルーフラウンジ」（2006）「スッカラショップ」（2006）ほか。著書『住居はいかに可能か』（東京大学出版会2002）『ブリコラージュの伝言』（アートン2005）、共著『エディフィカーレ・リターンズ』（トランスアート2003）『現代住居コンセプション』（INAX出版2005）ほか。

編者略歴

（いがらし・たろう）

1967年フランス・パリ生まれ。92年東京大学工学系大学院建築学専攻修士課程修了。博士（工学）。東北大学大学院工学研究科・工学部助教授。建築史、建築批評。著書『終わりの建築／始まりの建築』（INAX出版2001）『新宗教と巨大建築』（講談社現代新書2001）『近代の神々と建築』（廣済堂出版2002）『戦争と建築』（晶文社2003）『過防備都市』（中公新書ラクレ2004）『現代建築のパースペクティブ』（光文社新書2005）、編著『建築の書物・都市の書物』（INAX出版1999）『リノベーション・スタディーズ』（INAX出版2003）『リノベーションの現場』（彰国社2005）『卒業設計で考えたこと。そしていま』1・2（彰国社2005・2006）ほか。

五十嵐太郎編
見えない震災
建築・都市の強度とデザイン

2006年8月28日　印刷
2006年9月8日　発行

発行所　株式会社 みすず書房
〒113-0033　東京都文京区本郷5丁目32-21
電話　03-3814-0131（営業）　03-3815-9181（編集）
http://www.msz.co.jp

本文印刷所　シナノ
扉・表紙・カバー印刷所　栗田印刷
製本所　青木製本所

Printed in Japan
ISBN 4-622-07233-5